地下アイドルの法律相談

深井剛志／姫乃たま／西島大介

日本加除出版株式会社

はじめに

　ＡＫＢ48の登場以降、アイドルの活動はテレビからライブに移行し、握手会や物販などファンと直接交流する場での活動が中心となっています。アイドルとファンの距離は縮まったと言われ、握手会や物販、チェキ撮影の時に会話もできるようになりました。ファンが直接参加できる場所、それが現代のアイドルの活動の基盤《きばん》になっています。アイドルを目指す方も増え、アイドルの存在はより身近になり、ファンに寄《よ》り添《そ》う役割が期待されるようになっています。ファンとしても、アイドルへの精神的な依存《いぞん》が多くなり、アイドルを精神的な拠《よ》り所《どころ》として位置づけている方もいます。「アイドルのパフォーマンスをする姿に救われた」、「頑張《がんば》る力になった」などというファンの方々の声は多く寄せられ、それがまた多くのアイドルの活動を支えています。

　このように現代におけるアイドルの役割は、多くのファンに活力を与えてくれる、心のオアシスのようなものだと思います。アイドルは、そのような存在であるからこそ、活動に持続可能性《じぞくかのうせい》が必要です。活動に勤《いそ》しむあまり、健康を害《がい》したり、未来を失うようなことになれば、本来、夢を叶《かな》える場所が逆にアイドルを不幸にしてしまい、ファンの望むところでもないはずです。しかし、私がこれまでに相談・依頼を受けた事例からみると、現在のアイドルと事務所の契約《けいやく》は、事務所側に有利な内容になっていることが多く、十分に生活を送れる条件で働けるアイドルは極《きわ》めて少ない状況です。契約《けいやく》の条件の訂正をお願いしても、事務所とアイドルとでは力の差が大きく、対等な条件での契約《けいやく》を結ぶことは困難です。そのため、給料、契約《けいやく》期間、活動内容などが不利なまま働いているアイドルが多く、アルバイトをしながら過密《かみつ》なスケジュールをこなし、健康を害《がい》してしまうこともあります。

この本は、そのような契約《けいやく》面での不均衡《ふきんこう》を少しでも是正《ぜせい》し、アイドルにとって働きやすい環境を作るために、法的に契約《けいやく》内容の問題点を指摘するものです。そのようなコンセプトのため、アイドル側に立った記述が多分《たぶん》に見られますが、事務所にとっても、契約《けいやく》を結ぶ際に気を付けるべきことが多く記載されており、参考になると思います。この本を基《もと》に、多くのアイドル及び事務所が契約《けいやく》内容を見直し、アイドルの働く環境が少しでも是正《ぜせい》され、アイドルが長く、安全に働けるようになり、ファンの方々と共に、これからのアイドル文化を築《きず》いていくことを願っています。

本書の執筆に至る過程では、姫乃たまさんをはじめとして、多くのアイドルに助言、アドバイスをいただきました。さらに、筆者がこのテーマで論考を発表する場を与えてくれたのが、大野さやか氏を始めとする日本加除出版株式会社の編集部の方々です。この場を借りて感謝の気持ちを申し上げたいと思います。

２０２０年６月

弁護士　深《ふか》井《い》　剛《つよ》志《し》

目次

目次

目次

【著者紹介】

深井　剛志（ふかい　つよし）／弁護士

（Q&A執筆）

「困っている人、弱い立場にいる人の力になりたい」という想いから、弁護士を志す。“何よりも依頼者のことを考えた事件処理をすること”をモットーに、労働問題に強い旬報法律事務所で活躍。これまでにも地下アイドルの契約を巡る事件を数多く担当。また、地下アイドル関連の事件についての記事の執筆やラジオ出演等のメディア露出により、地下アイドル当事者から直接相談が舞い込むようになり、地下アイドル業界の問題に最も詳しい弁護士の一人となっている。

姫乃　たま（ひめの　たま）／ライター・元地下アイドル

（コラム執筆）

1993年、東京都生まれ。10年間の地下アイドル活動を経て、2019年にメジャーデビュー。同年４月に地下アイドルの看板を下ろし、文筆業を中心にトークイベントに数多く出演している。

2015年、現役地下アイドルとして地下アイドルの生態をまとめた『潜行～地下アイドルの人に言えない生活』（サイゾー社）を出版。著書に『職業としての地下アイドル』（朝日新聞出版）、『周縁漫画界　漫画の世界で生きる14人のインタビュー集』（KADOKAWA）など。音楽活動では作詞と歌唱を手がけており、主な音楽作品に『パノラマ街道まっしぐら』『僕とジョルジュ』などがある。

西島　大介（にしじま　だいすけ）／漫画家

（マンガ執筆）

漫画家。2004年早川書房より『凹村戦争』でデビュー。ベトナム戦争を描いた長編『ディエンビエンフー』は小学館から12巻を刊行するも掲載誌休刊のため未完となったが、双葉社へ移籍し2018年に『ディエンビエンフー　TRUE END』全３巻をもって完結。2020年に個人電子出版レーベル「島島」を設立。著作の管理と運用、電子書籍化をせっせと行う。DJまほうつかいの名で音楽活動も。

https://daisukenishijima.jimdofree.com/

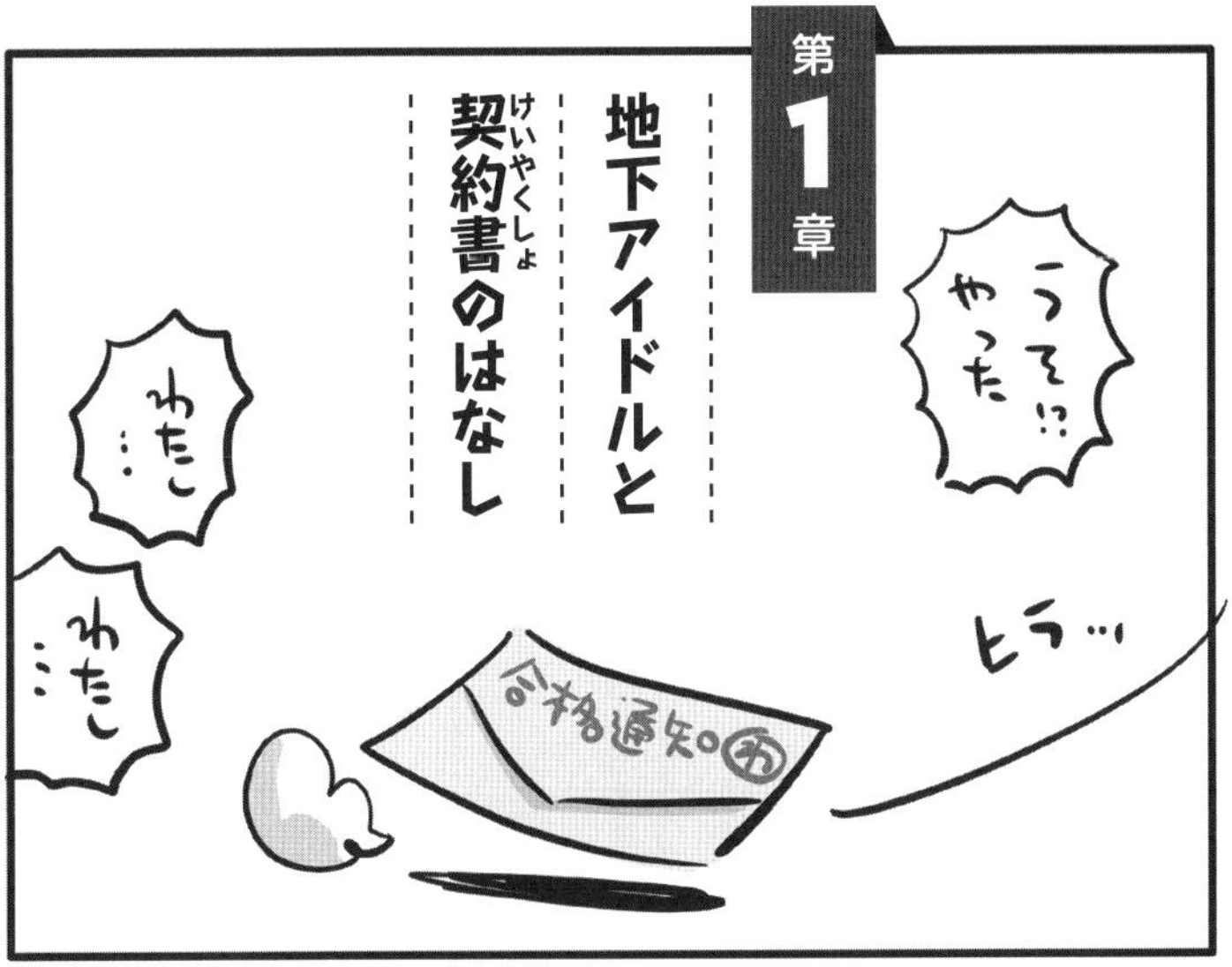
第1章
地下アイドルと
契約書《けいやくしょ》のはなし
うそ!? やった
わたし…
わたし…
ヒラ…
合格通知

オ
オ
アイドル志望
夢乃チカ

オーディション受かったよおおお!!
あの子…
大丈夫かしら? アイドルなんて…

後日…
ココだぁ!!
わっくわくプロ
アイドル事務所
わっくわく
プロダクション
・・・・・
社長
ンフー…
社
これ契約書サインして
ハイ…
え?
ど…
どういう内容の契約書なんですか?
コレ…

みんなやってっから大丈夫だぁ～
嫌なの？
んじゃ辞めてくれりゃいいだけだぁ～～～
ホジホジ
エッ!?
あの… いや…
わたしの夢…
ワァァァァ
あこがれのステージ…
帰って両親と相談してからじゃ…
メンドクセェ～

これで契約成立
契約書
わっくわくプロ
君も立派な…
地下アイドルだぁな
ガハハハ
社長
サインしちゃった…
ドキ
ドキ
わたしこの先…
ドキ
大丈夫かなぁ!?
○○を一禁じる。

つづく

チカちゃん、このままだと納得してない条件で活動することになっちゃいますね？

そうですね。契約《けいやく》するときに、契約書《けいやくしょ》をじっくり読む時間もなく、単にサインをするだけだと、内容に同意しないまま契約《けいやく》が結ばれてしまう恐《おそ》れがあります。

もし、契約書《けいやくしょ》をじっくり読めたとしても、アイドルを夢見る年頃《としごろ》の子たちには、契《けい》約書《やくしょ》の内容が難しいかもしれないですね。

そのような場合には、やはり、親御《おやご》さんが同席して、きちんと契約書《けいやくしょ》の内容を読んであげる必要がありますね。

それが理想なんですけど、地下アイドルの中にはご両親に活動を反対されたり、内《ない》緒《しょ》にしたりしている子も珍《めずら》しくないんです。ご両親に相談できない子は多いかも……。

そうなのですか……そうなると、やはり、契約《けいやく》の際には、きちんと事務所側が説明する義務がありますね。

だけど、事務所側に説明を求《もと》めたり、条件の変更《へんこう》をお願いした際に、『嫌《いや》なら契約《けいやく》をしなくていい』とあしらわれて、慌《あわ》てて契約《けいやく》してしまうケースもあるみたいです。

そのように力関係を利用して、一方的に事務所に有利な契約《けいやく》を結ばせることには、問題がありますね。

そもそも契約書《けいやくしょ》があるならまだよい方で、契約書《けいやくしょ》のやりとりをしないまま活動させている事務所もたくさんあるようです。深井先生、もし契約書《けいやくしょ》がない場合は、活動の条件をどうやって決めたらいいんですか？　地下アイドルの契約書《けいやくしょ》にはどういうことが書いてあるんですか？

例えば、重要なものとしては、給料に関する規定、契約《けいやく》の期間や契約《けいやく》の更新《こうしん》についての規定、禁止事項《きんしじこう》に関する規定があります。

やっぱり契約書《けいやくしょ》ってとても大事なものなんですね！　一方的に不利な契約《けいやく》を結ばないためにも、よく契約書《けいやくしょ》の内容を理解することが必要ですね。また、少しでも不安なときは、その場で契約《けいやく》を結ばずに一度持ち帰るのも大事かもしれませんね。

そうですね。それでは、Q＆Aで契約書《けいやくしょ》についてもう少し詳《くわ》しく学んでみましょう。

Q1 契約《けいやく》ってなに？

・契約《けいやく》とは、人と人との間で結ぶ約束事《やくそくごと》をいう。
・契約《けいやく》を結ぶと、自分が守らなくてはならない義務と、相手に対して要求できる権利が発生する。

人と人との間で結ぶ決まりごとを契約《けいやく》といいます。例えば、一人暮らしをするときに、アパートなどを借りることがあると思いますが、その時に大家さんと〝お金を払《はら》う代わりに部屋を貸してもらう〟という約束をします。これが契約《けいやく》です（賃貸《ちんたい》借契約《しゃくけいやく》といいます）。契約《けいやく》には様々な種類があり、物を売ったり買ったりすること（売買契約《ばいばいけいやく》といいます）、給料を払《はら》う代わりに仕事をやってもらうこと（労働契約《ろうどうけいやく》といいます）、これらは、すべてが契約《けいやく》の一種です。極端《きょくたん》な話をすると、コンビニで

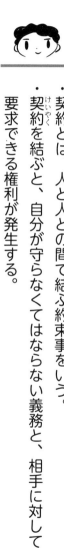

100円のお菓子《かし》を買うというのも契約《けいやく》に当たります（何契約《なにけいやく》かわかりますか？　答えは売買契約《ばいばいけいやく》です）。

契約《けいやく》を結んだ場合には、その契約《けいやく》で取り決めたことについては、守らなければならない、という義務が発生します。逆にいうと、契約《けいやく》を結んだ人は、相手に対してその契約《けいやく》を守るように要求する権利があります。

アイドルが事務所との間で取り決める約束事《やくそくごと》も契約《けいやく》のひとつです。アイドルはその契約《けいやく》に基《もと》づいて、アイドル活動をする義務がありますし、事務所に対して給料を請求《せいきゅう》する権利があります。逆に事務所側はアイドルに対して給料を払《はら》う義務がありますが、それと同時にアイドルに対して指示した仕事をするように要求する権利があります。

このように、お互《たが》いの取り決めで権利と義務が発生する約束事《やくそくごと》、それが契約《けいやく》です。契約《けいやく》したことはお互《たが》い守らなければなりませんし、相手に対して要求することができます。逆にいうと法律で特に定められている場合を除いて、契約書《けいやくしょ》に書いていないことは守る必要はありませんし、相手に請求《せいきゅう》することもできません。

Q2

契約《けいやく》はどうすれば成立するの？

・契約《けいやく》は、合意があれば、口約束《くちやくそく》でも成立する。
・契約《けいやく》をするときには、将来のトラブルを避《さ》けるために、約束した内容を明確にした契約書《けいやくしょ》を作ることが大事。

契約《けいやく》は、お互《たが》いが、ある約束事《やくそくごと》について合意することで成立します。例えばアパートを借りる時の例でいうと、大家さんがアパートを月8万円で貸すと言い、借りる人がその金額で借りることでよいと言えば、そこでお互《たが》いに「月8万円を支払《しはら》う代わりに、アパートを使用してもよい」ということが合意されるので、契約《けいやく》が成立します。

契約《けいやく》は、約束事《やくそくごと》について合意すれば成立するので、口約束《くちやくそく》であっても成立します。

しかし、当然、口約束《くちやくそく》だけでは、いったいどのような約束が成立したのか記録が残らず、後から揉《も》める危険性があるので、通常は口約束《くちやくそく》だけで済ますことはありません。そのために作るのが契約書《けいやくしょ》です。

契約書《けいやくしょ》には、お互《たが》いが合意した約束事《やくそくごと》をきちんと条項《じょうこう》（契約書《けいやくしょ》の項目《こうもく》のこと）にして記載《きさい》して、約束した内容を明確にします。その契約書《けいやくしょ》に署名をするか、またははんこ（印鑑《いんかん》）を押《お》すことで、その約束事《やくそくごと》に同意したことを明確にします。

実際には、日本の社会における契約《けいやく》で、契約書《けいやくしょ》を作らず口約束《くちやくそく》だけで済《す》ませてしまうということはほとんどありません。将来何らかのトラブルになってしまった時、契約《けいやく》内容を確認するために、契約書《けいやくしょ》を作ることは非常に重要なことです。

Q3

契約書《けいやくしょ》には、どういうことが書いてあるの？

契約書《けいやくしょ》には、アイドルが活動していくうえで重要な決まりごとがたくさん記載《きさい》されている。

アイドルと事務所との間で作る契約書《けいやくしょ》には、アイドルが活動する上で守らなければならない決まりや、事務所に対して要求できることが記載《きさい》されています。

契約書《けいやくしょ》の内容は、それぞれのアイドルがそれぞれの事務所と約束した内容になりますので、当然全てのアイドルの契約内容《けいやくないよう》が同じというわけではありません。各事務所によって異《こと》なる場合がほとんどです。しかし多くの契約書《けいやくしょ》には、次のようなことが記載《きさい》されていることが多いです。

・契約《けいやく》の期間【→Q24（93ページ参照）】

・契約《けいやく》の更新《こうしん》の時のルール【↓Q25〜27（95ページ以降参照）】
・アイドルが行う活動（ライブ、番組出演、撮影会《さつえいかい》など）【↓第3章（51ページ以降参照）】
・事務所が行うマネジメントの内容【↓第3章（51ページ以降参照）】
・著作権《ちょさくけん》や肖像権《しょうぞうけん》について【↓Q19・20（67ページ以降参照）】
・給料の決め方【↓Q9（33ページ参照）】
・アイドルがやってはいけないこと（禁止事項《きんしじこう》）【↓Q21（79ページ参照）】
・契約《けいやく》を解除することができる事項《じこう》【↓Q23（83ページ参照）】
・損害を与《あた》えた場合の賠償金《ばいしょうきん》の額【↓Q22（81ページ参照）】
・契約《けいやく》が終了《しゅうりょう》した後のルール【↓Q27（100ページ参照）】

これらは全て、アイドルが活動していく上で非常に重要なものになりますので、きちんと内容を確認した上で契約《けいやく》を結ぶことが大事です。

この本では、契約書《けいやくしょ》に書いてあるこれらの内容について解説していきます。

Q4

契約《けいやく》をするときに気を付けることは？

・契約書《けいやくしょ》の内容は、事務所側に有利になっていることが多い。
・契約《けいやく》をするときには、必ず契約書《けいやくしょ》をよく読んで、わからないところは説明してもらうことが大事。

契約《けいやく》とはお互《たが》いの間で決めた約束事《やくそくごと》ですから、当然、各契約《けいやく》によってその内容は異《こと》なる可能性があります。

しかしほとんどの事務所は、その事務所が使用している契約書《けいやくしょ》のテンプレートがあるため、全てのアイドルに同じ内容の契約《けいやく》を結ばせようとします。ですので、契《けい》約《やく》する内容についてアイドルと事前に話し合いを行ったり、その話し合いの内容を踏まえて契約書《けいやくしょ》の内容を変更《へんこう》するなどといったことはほぼありません。

契約《けいやく》を結ぶときも、単に事務所側が用意した契約書《けいやくしょ》に署名をするように求められるだけで、契約書《けいやくしょ》の内容を詳《くわ》しく説明されたり、気になった条項《じょうこう》があったとしても、その条項《じょうこう》について話し合いをするということはあまり無いようです。しかも、事務所が用意する契約書《けいやくしょ》は、ほぼ全ての条項《じょうこう》が事務所側に有利な内容であることが多く、そのまま契約《けいやく》を結んでしまうと、アイドルにとっては非常に不利な契約《けいやく》になってしまいます。

しかし、アイドル側が事務所に対して説明を求めたり、気になる条項《じょうこう》について訂《てい》正《せい》を求めたりすると、「そういうことを言うのであれば、契約《けいやく》はしなくても構わない」などと言われてしまい、アイドルは、契約《けいやく》せざるを得ない状況《じょうきょう》に追《お》い込《こ》まれてしまうこともあります。これは、アイドルが夢を叶《かな》えるためには不利な条件でも契《けい》約《やく》をしなければならず、事務所に従わなければならない、という、アイドルが弱い立場であることを利用した状況であり、非常に問題です。

契約《けいやく》において、強い立場を利用して、一方的に事務所に有利な契約《けいやく》を結ばせることは、独占禁止法《どくせんきんしほう》という法律にも反する恐れがあります。

契約《けいやく》を結ぶ時は、毅然《きぜん》とした態度で臨《のぞ》み、必ず契約書《けいやくしょ》の内容について説明を受け、気になる内容については訂正《ていせい》を求めましょう。アイドル側に不利なことが書いてあると感じた場合は、契約書《けいやくしょ》を持ち帰って、両親や、弁護士などの専門家に相談することが重要です。また事務所側としても将来のトラブルを避《さ》けるために、アイドルに契約書《けいやくしょ》の内容を説明していくことが重要です（ふろく①（213ページ参照））。

Q5 契約書《けいやくしょ》の内容でよく問題になるのはどういう条項《じょうこう》？

アイドルの給料、禁止事項《きんしじこう》、契約終了後《けいやくしゅうりょうご》の条項《じょうこう》がよく問題になるので、必ずチェックしておくこと。

事務所が用意する契約書《けいやくしょ》は、ほぼ全てが事務所側に有利に作られており、その内容でそのまま契約《けいやく》してしまうと、後でトラブルになるケースが非常に多いです。それは、多くの芸能事務所で、業界団体である「日本音楽事業者協会《にほんおんがくじぎょうしゃきょうかい》」が作った「統《とう》一《いっ》契約書《けいやくしょ》」というひな形（契約書《けいやくしょ》の見本）を参考に契約書《けいやくしょ》を作っているからです。音楽事業者協会《おんがくじぎょうしゃきょうかい》の契約書《けいやくしょ》のひな形には、タレント側が負わなければならない義務がたくさん決められていたり、歌詞や曲などの著作物《ちょさくぶつ》に関する権利はすべて事務所が持つと書かれていたり、タレント側が事務所をやめたいと言っても、やめるには事

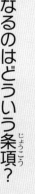

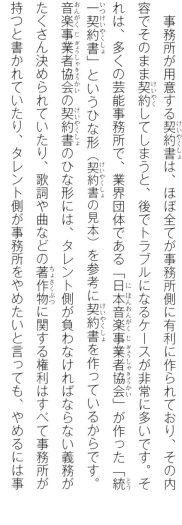

務所側の同意が必要であるなど、事務所側に有利な内容になっています。それぞれの事務所は、この内容を参考に契約書《けいやくしょ》を作成しているので、どうしてもタレント側が不利な内容の契約書《けいやくしょ》になってしまいます。

詳《くわ》しくはそれぞれの章で説明しますが、トラブルが一番発生する条項《じょうこう》は、給料の決め方についてです。契約《けいやく》書に給料の決め方が詳《くわ》しく書かれていないので、よくトラブルになります。

また、アイドルが行ってはいけないこと、つまり禁止事項《きんしじこう》についての条項《じょうこう》と、それを破った場合の賠償金《ばいしょうきん》の金額が問題になることも多いです。実際にその条項《じょうこう》があるために、禁止事項《きんしじこう》を破ったということを理由に、多額の請求《せいきゅう》を受けたアイドルがたくさんいるようです。

そして、契約《けいやく》を終了《しゅうりょう》した後のアイドルの活動についても、よく問題になります。具体的には、契約終了後《けいやくしゅうりょうご》、他の事務所に移籍することを禁止《きんし》したり、芸能活動自体を禁止《きんし》するような条項《じょうこう》があるのですが、それはアイドルの活動を制限することになりますので、しばしば問題になります。

これらの点は、実際に数多くのトラブルや裁判などが起こっている部分ですので、契約《けいやく》を結ぶ前に必ずチェックしておく必要があります。

Q6 事務所が契約書《けいやくしょ》を作ってくれないいんだけど？

契約書《けいやくしょ》は、必ず作るように事務所に要求すること。

契約書《けいやくしょ》の作成は、契約《けいやく》した内容をきちんと記録しておき、将来法的なトラブルが生じないようにするために必要不可欠《ふかけつ》です。

ところが、中には、アイドルとの間で契約書《けいやくしょ》を作成していない事務所も存在するようです。契約書《けいやくしょ》がありませんので、アイドルと事務所との間で合意した内容が不明確で、アイドル側はどのようなルールに基《もと》づいて活動をすればよいのか、わからなくなります。月々支払《しはら》われる報酬《ほうしゅう》も、どのような計算式を使って、どのような根《こん》拠《きょ》でその金額になったのか、確認することができません。

このように、契約書《けいやくしょ》を作っていない場合には、不透明《ふとうめい》な部分が多くなってしまいます。そうなると、契約《けいやく》の内容についてトラブルが生じた場合には、当然強い立場である事務所側の言《い》い分《ぶん》が通りやすくなってしまいます。契約書《けいやくしょ》が無いことは、強い立場である事務所側の立場をさらに強くしてしまうため、大きな問題です。

公正取引委員会《こうせいとりひきいいんかい》という国の組織も、契約書《けいやくしょ》が無いことは、事務所に有利な条件で芸能活動をすることを許してしまうことになり、問題であると述《の》べています。

このように、様々な問題が起きてしまいますので、契約書《けいやくしょ》を作ってもらえていないアイドルは、今からでも必ず事務所に契約書《けいやくしょ》の作成を要求しましょう。

Q7

未成年なんだけど、契約《けいやく》できる？

・未成年が契約《けいやく》をするには、親の同意が必要。
・親の同意なく契約《けいやく》をすると、将来問題になることもあるので、きちんと話し合って、納得の上、契約《けいやく》すること。

法律で、未成年者が契約《けいやく》をする場合には、親権者《しんけんしゃ》（多くの場合は両親）が同意をする必要があると決められています。つまり、アイドルになりたい人が未成年の場合は、親権者《しんけんしゃ》の同意をもらう必要があります。実際には契約書《けいやくしょ》に親権者《しんけんしゃ》が署名をする欄《らん》が設けられており、そこに親権者《しんけんしゃ》が署名をすることになります。

もし、この同意をもらわないで未成年者が自分だけで事務所と契約《けいやく》をした場合には、後で、その未成年者か親権者《しんけんしゃ》が契約《けいやく》の「取消し」をすることができます。取消しは、その未成年者自身か、親権者《しんけんしゃ》が、事務所に対して、取消しの通知をすることで行うことができます。その取消しの通知の方法は、口頭でも、メールや電話でも何でもよいのですが、普通は、内容と相手にきちんと届いたことを証明するため、「内容証明郵便《ないようしょうめいゆうびん》」という種類の郵便を使うことが多いです。取消しがされると契約《けいやく》は無かったことになり、その後の活動はできなくなってしまいます。もちろん取消しがなされなければ、そのまま活動することは可能なのですが、いつでも取消しがされる可能性があり、アイドル側にとっても事務所側にとっても、不安定な状態が続いてしまうことになります。

ですので、未成年者が契約《けいやく》をする際は、必ず親権者《しんけんしゃ》の同意をもらうようにするべきです。ここで問題になるのは、未成年者自身はアイドルの活動をやりたいと思っているのに、親権者《しんけんしゃ》が活動に反対しているような場合です。その場合、未成年者が一人で事務所との間で契約《けいやく》してしまっても、後で親権者《しんけんしゃ》から契約《けいやく》を取消しされてしまう可能性があります。特に、アイドルが未成年なのに契約書《けいやくしょ》の作成をしていないような場合には、親権者《しんけんしゃ》の同意がないことが明らかですので、後から親権者《しんけんしゃ》が取消しをしてしまうリスクが高いでしょう。

事務所側は、事前にきちんと、アイドル本人と親権者《しんけんしゃ》を交えて話し合いをし、当事者全員が納得の上で契約《けいやく》ができるように努《つと》めるべきです。

Q8 アイドルと事務所の契約《けいやく》は、どういう種類の契約《けいやく》なの？

アイドルと事務所の契約《けいやく》は、業務委託契約《ぎょうむいたくけいやく》であるといわれている。

契約《けいやく》には、その種類に応じて、「売買契約《ばいばいけいやく》」や、「賃貸借契約《ちんたいしゃくけいやく》」、「労働契約《ろうどうけいやく》」などという名称《めいしょう》が付いています。そして、それぞれの契約《けいやく》の種類によって、お互いが負うべき義務と、相手に要求できる権利の内容が異《こと》なります。

アイドルが事務所との間で結ぶ契約書《けいやくしょ》には、「専属《せんぞく》マネジメント契約《けいやく》」とか、「専《せん》属《ぞく》実演家《じつえんか》契約《けいやく》」、「専属芸術家《せんぞくげいじゅつか》契約《けいやく》」と記載《きさい》されていることが多いです。これは、アイドルが、事務所からの指示に基《もと》づいて専属的《せんぞくてき》にライブ活動やイベントの出演、CDの収録、雑誌やDVDへの出演を行い、事務所は、そのマネジメントや営業活動を行うことを内容とする契約《けいやく》です。「専属《せんぞく》」とは、そのアイドルが、契約《けいやく》を結んだ事務所を通じた現場でのみアイドル活動をすることが許され、他の事務所の仕事を受けたり、自分で直接ライブを行ったりイベントに出演したりしてはいけない、という意味です。

これらの「専属《せんぞく》マネジメント契約《けいやく》」とか、「専属実演家契約《せんぞくじつえんかけいやく》」、「専属芸術家契約《せんぞくげいじゅつかけいやく》」というのは、法的には、「業務委託《ぎょうむいたく》」であるという分類がされています。業務委託《ぎょうむいたく》契約《けいやく》とは、ある人が仕事を注文し、注文を受けた人がその仕事を行うという契約《けいやく》です。アイドルと事務所との契約《けいやく》では、事務所がとってきたライブやイベントなどの仕事をアイドルに依頼《いらい》し、アイドルがその依頼《いらい》に基《もと》づいて、ライブやイベントに出演をする、という形になります。

このような形式から、アイドルと事務所の間の契約《けいやく》は、「業務委託契約《ぎょうむいたくけいやく》」であるといわれているのですが、本当にそのように考えてよいかは、状況《じょうきょう》によって変わってくることがあります。

詳《くわ》しくは、第2章以降で見ていきましょう。

姫乃たまのコラム

その事務所、病《や》んだ時も大丈夫《だいじょうぶ》？

世の中にはいろんな契約《けいやく》がありますが、事務所との契約《けいやく》は結婚に似ています。人によっては夢と期待が膨《ふく》らみ過《す》ぎて、事務所に所属すること自体がゴールだと思ってしまうかもしれません。あるいはこんなにも気持ちが盛り上がっているのだから、契約書《けいやくしょ》やら印鑑《いんかん》やら、そんな仰々《ぎょうぎょう》しいものは要《い》らないと思うかも。でもそれはちょっと危険です。

結婚《けっこん》してからも相手との生活が続くように、所属後のアイドル活動にも、健《すこ》やかな時もあれば、病《や》める時もあります。万が一お互《たが》いの関係性が病《や》んでしまった時に、きちんと健《すこ》やかな状態に（修復するにしても、離《はな》れるにしても）戻してくれるのが契約《けいやく》の内容です。もしも契約《けいやく》を結ぶ時に、よくわからないことが一方的に決められていたり、両親や保証人になってくれる大事な人に相談しないでくれと言われたりしたら、そんな人とは結婚《けっこん》しないですよね。

アイドルになると言うと、新しい自分に生まれ変わる感じがするかもしれませんが、事務所と契約《けいやく》して所属してからも急に別人になったりはしません。これだけアイドルが増えているいま、事務所やグループに所属できたとしても、途端《とたん》に人気が出て有名になれる可能性は低いからです。だからこそ健《すこ》やかなる時はもちろん、病《や》める時でも支え合って歩んでいけそうな事務所かどうかを、契約《けいやく》という共同作業を通じてまずは冷静に見極《みきわ》めてください。

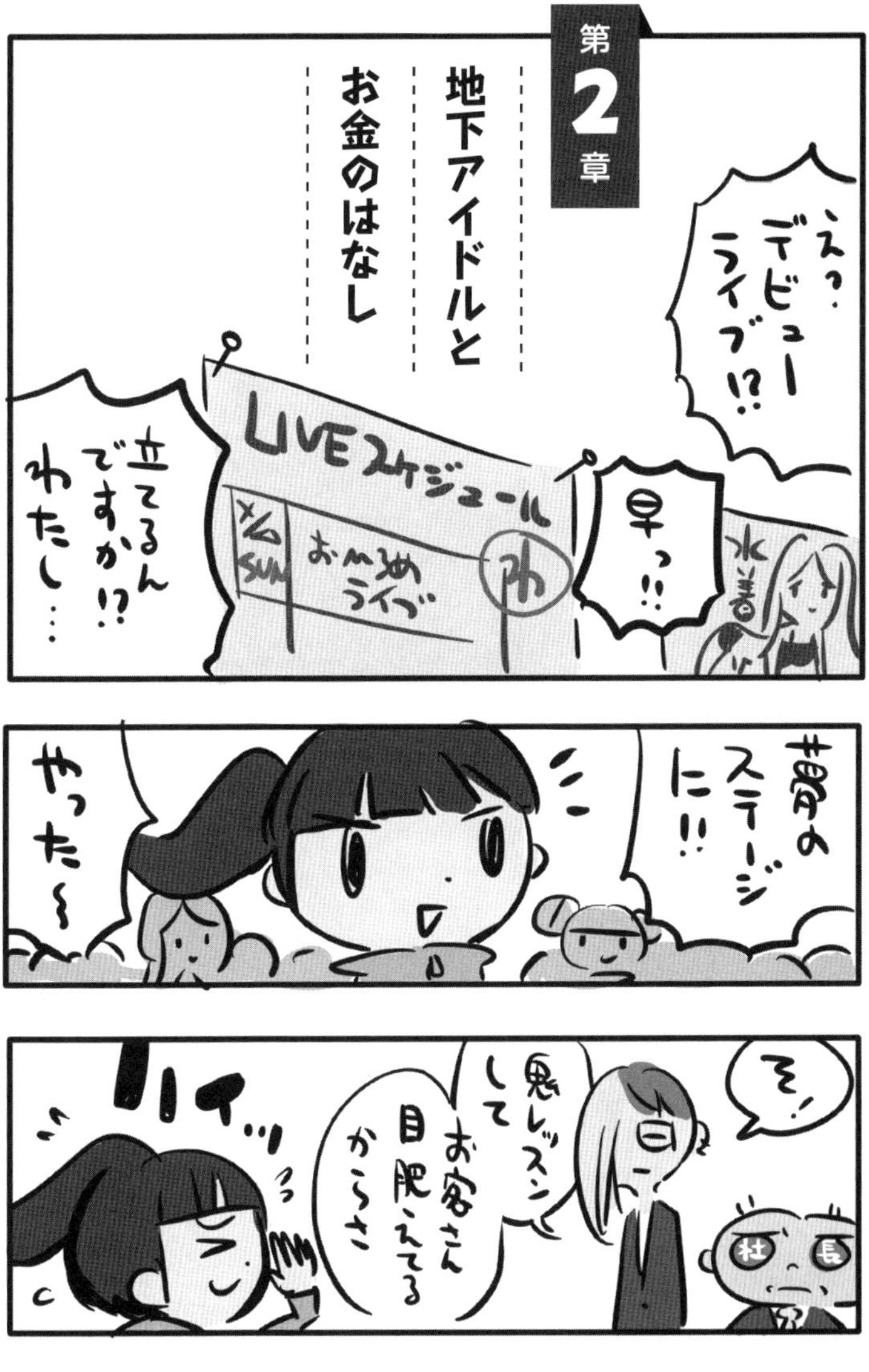
第2章
地下アイドルとお金のはなし
えっ? デビューライブ!?
早っ!!
LIVEスケジュール
おひろめライブ
立てるんですか!? わたし…
夢のステージに!!
やった～
え!
鬼レッスンしてお客さん目肥えてるからさ
ハイッ!!
社長

夢のためならがんばれるよ
ハイ
ハイ
ハイ
ハイ
わたしいま…
ア゛〜る…
笑顔そのままキープ!
輝いてる!?
カッ
新メンバーのチカちゃんでーす
うおおおおおお

地下での努力は惜しみません
小さな胸に大きな希望（ゆめのこ夢乃チカです
チカ
きびしいレッスン、ハードスケジュール。月に5回の本公演。チェキもいーっぱい撮ったよ。疲れ果ててるけど、わたし…
!?
ハァハァ

おつかれ
がんばったね
今月のギャラね
ゴリゴリ
ゼエゼエ
え!?
あれだけ稼動してこれだけ?
¥15,000
ピラッ
あ…あの〜〜これ
少なくないですか!?
仕方ないよね
まだ売れてないんだからさ
ガンバロ〜〜…

つづく

チカちゃん、すごく働いていますね。地下アイドルって本当にこんなにたくさん働いているんですか？

地下アイドルのライブって毎日たくさん開催《かいさい》されてるんですよ。私も月10～20本くらい出演していました。本番当日だけじゃなくて、夜遅《おそ》くまでレッスンをしたり、撮影《さつえい》があったり、拘束時間《こうそくじかん》は長くなっちゃいますね。

レッスンは必ず参加しないといけないものなんですか？

そうですね。ライブの歌と振《ふ》り付《つ》けを覚えたり、メンバーと合わせるためには、できる限り出席しなければいけないと思います。でももしこれが会社だとして、拘束時間《こうそくじかん》が同じくらい長かったら、もっとお給料もらえますよね？　さすがに1万5000円って法律違反《ほうりついはん》じゃないですか？

もちろん、普通《ふつう》の会社の会社員だったら、すぐに法律違反《ほうりついはん》になりますね。「最低賃金《さいていちんぎん》」というのが、定められていて、それを下回るようなお給料は、違法《いほう》になります。

普通《ふつう》の会社の会社員だったら、ってことは、地下アイドルと事務所の関係は、普通《ふつう》の会社と会社員の関係とは違《ちが》うということですか？

そうですね。アイドルと事務所の関係は、「業務委託契約《ぎょうむいたくけいやく》」という契約《けいやく》で、会社員の「労働契約《ろうどうけいやく》」とは異《こと》なる、といわれています。つまり契約上《けいやくじょう》アイドルは労働者《ろうどうしゃ》ではないということですね。なので、最低賃金《さいていちんぎん》を払わなくてもいいと思われがちです。

えー！　同じように働いているのに、そんなことが許されてもいいんですか？

それはやはり問題がありますよね。契約《けいやく》の名称が「業務委託契約《ぎょうむいたくけいやく》」というものであっても、労働《ろうどう》者と同じように働いていたら、最低賃金《さいていちんぎん》を払わなければならないことになっています。

うーん、労働者《ろうどうしゃ》と同じように働いているかどうかって、どうやって判断するんでしょう？

「事務所の業務指示を断ることができるかどうか」、「お給料の決定権が事務所にあるかどうか」、「事務所以外からきた仕事をすることができるかどうか」、といった点を考慮《こうりょ》して判断された事例がありますね。

前に言ったような契約書《けいやくしょ》すら結んでない子たちはさすがにお給料もらえなくても仕方ないですよね……？

いえ、契約書《けいやくしょ》を結んでなくてもきちんと働いていれば、事務所には給料を支払《しはら》う義務があります。ではQ＆Aで法律の仕組みがどうなっているのか見ていきましょう。

Q9

アイドルの給料は、どうやって決まっているの？

アイドルの給料は、自分の上げた売上げを基《もと》に決められることが多い。

アイドルの給料は、事務所に所属していれば、当然事務所から支払《しはら》われます。その給料は、イベントの主催《しゅさい》会社やレコード会社などから事務所に対して支払《しはら》われた出演料や印税《いんぜい》、その他物販《ぶっぱん》の売上げなどから、事務所の経費が引かれた残額（分配額）の中から支払《しはら》われます。

支払《しはら》いの形態《けいたい》には、次の3通りがあります。

①　完全歩合制《かんぜんぶあいせい》

まずあらかじめアイドルの取り分を計算する割合を決めておき、分配額《ぶんぱいがく》に応じて、その割合の分をアイドルの給料とするというやり方です。このやり方ですと、売上げを上げれば上げただけ、アイドルの取り分が増えることになります。一方でアイドルの売上げが少ないと、経費でほとんどなくなってしまうため、分配額《ぶんぱいがく》が少なくなってしまい、とても少ない額の給料しかもらえないということも多くあります。

②定額報酬制《ていがくほうしゅうせい》

これは、アイドルの売上げに関わらず、毎月決まった金額を給料としてもらえるという契約《けいやく》です。この場合、売上げが上がっていなくても、アイドルは決まった収入を得ることができますので、生活は安定します。ですが、かなり多くの売上げを上げた場合であっても、定額しか給料をもらうことができませんので、売れてきた場合には、完全歩合制《かんぜんぶあいせい》の場合と比べて取り分は少なくなると思います。

③定額制《ていがくせい》と歩合《ぶあい》の併用型《へいようがた》

これは、月々もらえる給料の額は一応決めておき、それに加えて歩合《ぶあい》で計算した給料をもらえるという方法です。計算の仕方としては、例えば定額の給料を決めておいて、歩合で計算した金額がその定額の給料の額を上回った場合には、後で精算するというような方法や、単純に、定額の給料に加えて、歩合《ぶあい》で計算した金額を支払《しはら》うといった方法があります。

これは統計を取ったわけではありませんが、地下アイドルという形態《けいたい》に限ってみると、給料の決め方は圧倒的《あっとうてき》に完全歩合制《かんぜんぶあいせい》が多いと思います。

Q10

給料の計算方法がわからないんだけど？

・売上げに対して、どのくらいの割合の給料がもらえるかは、契約書《けいやくしょ》に書いてある。
・契約書《けいやくしょ》にもらえる給料の割合が書いていない場合は、事務所になぜその金額になったのかの説明を求めることが大事。

地下アイドルの給料の決め方は完全歩合制《かんぜんぶあいせい》が一番多いと思います。そのため、アイドルへの給料を決めるには、まず売上げから経費を引き、分配額《ぶんぱいがく》を出した上で、その分配額《ぶんぱいがく》の何割かをアイドルの給料にするという計算を行います。

計算式にすると次のとおりです。

売上げ－経費＝分配額《ぶんぱいがく》

分配額《ぶんぱいがく》×契約《けいやく》で決めた割合＝給料

ここで分配額《ぶんぱいがく》にかける割合については、売上げの種類によって変化をつけている事務所もあります。例えばライブの出演料については50％、イベントの出演料については20％、物販《ぶっぱん》については50％、などです。通常、この割合については、契約書《けいやくしょ》に記載《きさい》されています。

具体的な数字を当てはめて見てみましょう。例えば、ライブの出演によって月10万円の売上げがあり、移動交通費や衣装代などの経費が2万円かかったとすると、給料は、次のようになります。

10万円（売上げ）－2万円（経費）＝8万円（分配額《ぶんぱいがく》）

8万円（分配額《ぶんぱいがく》）×50％＝4万円（給料）

このような方法でアイドルに支払《しはら》うべき給料を決めるのですが、契約書《けいやくしょ》の中に、「経費」に当たる費用はどのような費用であるのか、また分配額《ぶんぱいがく》にかける割合などが全く記載《きさい》されていないというケースがよくあります。そのような場合、契約書《けいやくしょ》には「事務所にかかった経費を引く」とか、「事務所が決めた割合をかける」などといったように、とてもあいまいに書いてあることが多いです。

このようなあいまいな記載《きさい》ですと、アイドル側が、一体どのような計算式で給料が決まっているのか全く分からなくなってしまいます。ですので、一番よいのは、契約書《けいやくしょ》にきちんと、引いてよい経費の項目《こうもく》、分配額《ぶんぱいがく》にかけ合わせる割合を記載《きさい》しておくことです。

もしそれらが明確に記載《きさい》されていない契約書《けいやくしょ》を作ってしまった場合には、毎月振《ふ》り込《こ》まれる給料について、どうしてそのような金額になったのか、明細と計算根拠《けいさんこんきょ》を出してもらうようにしましょう。

Q11

売れていないから給料は払《はら》わないと言われたけど、本当にもらえないの？

・売上が上がっていないときは、給料が0円になってしまうこともある。
・アイドルの働き方が「労働契約《ろうどうけいやく》」といえる場合は、売上げが上がっていなくても最低賃金《さいていちんぎん》をもらうことができる。

アイドルの給料は、完全歩合制《かんぜんぶあいせい》で決定することが一般的《いっぱんてき》です。つまり、売上げから経費を引いて残った金額（分配額《ぶんぱいがく》）に決められた割合を掛《か》け合《あ》わせて給料を決定します。計算式をもう一度示します。

売上げ－経費＝分配額《ぶんぱいがく》

分配額《ぶんぱいがく》×契約《けいやく》で決めた割合＝給料

この計算式に従うと、経費が売上げよりも多くなってしまうと、分配額《ぶんぱいがく》は0になってしまいます。そうするとアイドルの給料も0円になってしまうことになります。

アイドルは、活動を始めた当初は、ファンもついておらず、なかなか思うようにライブのチケットや物販《ぶっぱん》で売上げを上げられないこともあります。ですので、活動初期は、経費の方が多くなってしまうということも頻繁《ひんぱん》にあります。そのような場合には、アイドルは給料をもらうことができないのでしょうか。

普通《ふつう》の会社であれば、入社当初の新人で、全くその会社の売上げに貢献《こうけん》していなくても、一定額以上の賃金《ちんぎん》がもらえます。それは、「最低賃金法《さいていちんぎんほう》」という法律があって、会社で働いている人（労働者《ろうどうしゃ》といいます）には、最低でもその法律に定められた賃金を払《はら》わなければならないという決まりがあるからです。

では、アイドルはその最低賃金法《さいていちんぎんほう》で決められた給料をもらうことはできないのでしょうか。

最低賃金法《さいていちんぎんほう》や、労働基準法《ろうどうきじゅんほう》などの労働《ろうどう》に関する法律の決まり（労働法《ろうどうほう》）は、会社と社員との間の契約《けいやく》が「労働契約《ろうどうけいやく》」である場合には適用されますが、「労働契約《ろうどうけいやく》」でない場合には適用されません。第1章で紹介《しょうかい》したように、アイドルと事務所の間の契約《けいやく》は、「業務委託契約《ぎょうむいたくけいやく》」という形態の契約《けいやく》であるとされています。ですので、最低賃金法《さいていちんぎんほう》が適用されないように思えてしまいます。

しかしながら、最低賃金法《さいていちんぎんほう》や労働基準法《ろうどうきじゅんほう》などの労働法《ろうどうほう》が適用されるかどうかは、契約《けいやく》の名称《めいしょう》だけで判断するのではなく、契約《けいやく》の中身を見て判断するとされています。契約《けいやく》の中身を見て、アイドルの働き方が「労働契約《ろうどうけいやく》」といえる場合には、最低賃金《さいていちんぎん》法《ほう》が適用されます。そのような場合には、たとえ、契約《けいやく》の内容が完全歩合制《かんぜんぶあいせい》で、売上げが無かったとしても、事務所は最低賃金《さいていちんぎん》を払《はら》う必要があります。

したがって、アイドルの働き方が「労働契約《ろうどうけいやく》」といえるような状況《じょうきょう》であれば、売上げが上がっていなくても、最低限の給料をもらう権利があります。その場合、〝最低賃金《さいていちんぎん》で計算した給料の額〟と〝実際にもらった給料の額〟の差額をもらうことができます。例えば、東京都の事務所に所属するアイドルが、ひと月のうち、20日間毎日8時間ずつ働いたのに、5万円の給料しかもらえなかった場合を考えましょう。その時、ひと月の働いた時間は、全部で8時間×20日＝160時間です。東京都の最低賃金《さいていちんぎん》は、1013円（2020年4月現在）ですので、最低賃金《さいていちんぎん》に基づいた給料の額は、16万2080円です。

よって、本来、16万2080円もらえるべきであったのに、5万円しかもらうことができていませんので、その差額、16万2080円－5万円＝11万2080円を追加でもらうことができます。

Q12

アイドルの契約《けいやく》が「労働契約《ろうどうけいやく》」であるかどうかは、どうやって判断するの？

労働契約《ろうどうけいやく》であるかどうかは、契約書《けいやくしょ》に書かれた名称《めいしょう》ではなく、働き方から判断する。

アイドルと事務所の間の契約《けいやく》が「労働契約《ろうどうけいやく》」に当たるかを判断するには、契約《けいやく》の名前ではなく、次の点を総合的に評価して判断します。

① アイドルが仕事を断ることができないか
② アイドルが事務所の人間から業務の指示を出されるか
③ 勤務時間、勤務場所の拘束《こうそく》があるか
④ アイドルが自分以外の第三者に仕事を任《まか》せることができないか
⑤ 給料が「月額いくら」など、働いた時間に応じて支払《しはら》われるか、または事務

所側に給料を決定する権限があるか

⑥　衣装や備品などの費用の負担を事務所がするのか

⑦　事務所を通さないで仕事をすることができないか

⑧　著作権《ちょさくけん》が事務所にあるか

これらを総合的に評価して、アイドルが「労働者《ろうどうしゃ》」といえるかを判断することになります。

実際にアイドルが「労働者《ろうどうしゃ》」といえるかどうかが問題になった裁判があります。その裁判では、契約書《けいやくしょ》に、アイドルが仕事を断ることができないことや、報酬《ほうしゅう》の決定権限が事務所側にあること、著作物《ちょさくぶつ》の権利が事務所側にあること、副業をすることができないこと、などといった事情から、アイドルは「労働者《ろうどうしゃ》」に当たり、事務所は最低賃金法《さいていちんぎんほう》に従った給料を払《はら》う必要があるという判決が出ています。

Q13

そもそも契約書《けいやくしょ》が作られていないんだけど、それでも給料はもらえるの？

契約書《けいやくしょ》を作っていなくても、アイドルが労働者《ろうどうしゃ》であると認められた場合には、最低賃金《さいていちんぎん》を受け取ることができる。

アイドルと事務所との間で契約書《けいやくしょ》が作られていないことが多いことは既に説明しました。そのような場合、契約《けいやく》もしていないし、給料の払《はら》い方についても決まりはないということで給料をもらうことはできない、と考える人もいるかもしれません。

契約書《けいやくしょ》を作っていなくても、口頭《こうとう》でも契約《けいやく》は成立します。実際にアイドルがその事務所に所属し、メンバーとして活動することについて、アイドルと事務所との間で合意がされているのであれば、契約書《けいやくしょ》が作られていなくても、そのアイドルと事務所との間では、アイドルの活動に関する契約《けいやく》が成立していると解釈《かいしゃく》されます。

しかし、事務所が給料を支払《しはら》うのかどうか、いくら支払《しはら》うのかについて全く定めていない場合、その給料は一体どうなってしまうのでしょうか。

Q11で説明した最低賃金法《さいていちんぎんほう》は、当事者の間で給料の額について合意がなくても適用されます。契約書《けいやくしょ》を作っておらず、給料の計算方法や支払《しはら》い方法について、合意がされていなくても、事務所は最低賃金法《さいていちんぎんほう》で計算した給料の額は支払《しはら》わなければなりません。

このことが争いになった裁判もあります。その裁判では、給料の額や支払《しはら》い方法について契約書《けいやくしょ》に全く記載《きさい》がなかったとしても、事務所は最低賃金法《さいていちんぎんほう》で計算した給料を支払《しはら》われなければならないという判決が出ています。

Q14

交通費や衣装代は、アイドルが負担すべきもの？

・交通費や衣装代は、事務所が負担するとされていることが多い。
・高額なレッスン費用については、きちんと説明を求めることが大事。もし、契約《けいやく》してしまっても、クーリング・オフ（契約《けいやく》の取消し）が使えることもある。

事務所の中には、遠征《えんせい》のための交通費や、衣装代、レッスンの費用などをアイドルの方が負担するとの契約《けいやく》を結ばせるところがあります。

しかし、事務所はアイドルに対して十分な給料を払《はら》っていないことが多く、その上でさらにこれらの費用をアイドルに負担させるのは非常に酷《こく》なことです。また、アイドルの働き方が、労働者《ろうどうしゃ》に近いということになれば、このような経費については、当然会社側が負担するものであって、労働者《ろうどうしゃ》個人が負担するものではないということになります。

このようなことから、実際の契約《けいやく》では、これらの費用は事務所が負担するとされていることが多いです。

レッスンの費用については、事務所がレッスン教室と提携《ていけい》しており、アイドルは事務所の指定したレッスン教室と契約《けいやく》し、レッスンを受けるようにと指示される場合があります。そして、そのようなレッスン教室の費用がかなり高額で、アイドルが支払《しはら》うことができないということもあります。

そのようなときに、事務所やレッスン教室がきちんと金額の説明をしなかったことや、契約《けいやく》に当たって重要な事項《じこう》を説明しなかったことを理由として、レッスン契《けい》約《やく》のクーリング・オフ（契約《けいやく》の取消し）が認められた事例もあります。

姫乃たまのコラム

夢はプライスレスじゃありません

有名人の下積み時代の苦労話なんかを聞くと、苦労は買ってでもしたほうがいいような気になってしまいますが、なにも進んでつらい思いをする必要はありません。以前、現役の地下アイドルを対象に活動の悩《なや》みについてアンケートを実施《じっし》したところ、主に「将来売れるかわからない不安」と「金銭的な苦労」があがりました。

アイドルの活動には正解がないので、楽しい一方で、漠然《ばくぜん》とした不安も自然とついてまわります。これをやれば将来的に絶対売れるという方法はありません。努力しても報《むく》われない時期もあると思います。だからこそ、数字で把握《はあく》できるお金のことは大事にしましょう。誰《だれ》でもお金は大事なので、嫌《きら》いな人には払《はら》いたいと思いません。もし自分の活動に自信を失いかけても、ファンの人や企業《きぎょう》がお金をくれるということは、仕事が認められている証拠《しょうこ》です。

時々、「貴重な体験をさせてもらってるから別にお金は要《い》らない」と言う人がいます。しかし、アイドルの夢も体験もプライスレスではありません。それくらいアイドルという職業に誠実でいられるのなら、むしろプロフェッショナルとして必ずお金をもらいましょう。お金は仕事の結果が目に見える数少ない指標《しひょう》だからです。

第3章 地下アイドルと仕事のはなし

急いで次の現場
ソロ活動
ハ…
ハイ
最近忙しいなぁ
でも…
人気が出てきたってことだよね
わた
わた
ああここ
ウ〜〜〜!
イイネ
ガッ
チカちゃんだっけ?
このまま水着イッちゃおうぜ
エッ
オレが撮ると売れるぜ
カシャ

殺すセーターはいいとしても…
あの…
聞いてないんですケド…
カシャ
カシャ
マネージャーさ…
フツーにチャンスだから〜
エ゛ッ
んじゃイイネ？
うおおお 水着最っ高！
カシャ
ガシャ
こりゃ売れるでお〜
カシャ
カシャ
カシャ
無理〜〜〜！！

社長～
水着なんて聞いてないんですけど～～
チ…
ピラ…
見てみぃ～
社長
契約書に書いてある
「指示した業務に従うって
終了
終了

つづく

人前で水着になるかどうかは自分で決めたいですよね。

チカちゃんの事例では、契約書《けいやくしょ》に『事務所が指示した業務を行うこととする』とか『仕事を拒否《きょひ》することはできない』といった条項《じょうこう》があったようですね。そういった条項《こう》があったら、普通《ふつう》は従わなければいけないと考えてしまいますよね。そのようにやりたくない仕事をいきなり命じられるということはよくあるんですか？

そういった話はよく聞きます。しかもアイドルの子が現場ではっきり断るのには、なかなか勇気がいるので、押《お》し切《き》られてやってしまうことも多いようです。

そういうケースでは、事前に仕事の内容を確認しておくというのは難しいのですか？

事務所には撮影《さつえい》内容が伝わっているはずなので、マネージャーに聞けばわかるはずと思うのですが……。

例えば、どういう仕事がよく問題になるんですか？

この事例のように水着での撮影《さつえい》や、下ネタの多いバラエティ番組への出演も問題になっているみたいです。たとえば肌《はだ》の露出《ろしゅつ》が多い仕事とかは、やりたくないからという理由だけで拒否《きょひ》することはできないんですか？

契約《けいやく》のときにやることが決まっていた仕事だったら拒否《きょひ》するのは難しいかもしれませんが、想定してない仕事で、しかも、普通《ふつう》だったらやりたくないと考える仕事まで、拒否《きょひ》できないと考えるのは、さすがに酷《こく》ですよね。

さらに仕事を断ったら、『キャンセルの違約金《いやくきん》がかかった』なんて言われた例も耳にします。そういう違約金《いやくきん》の請求《せいきゅう》は有効なんですか？

アイドルではないですが、モデルの契約《けいやく》をしたのに、アダルトビデオへの出演を強要された、という事例があります。その事例では、アダルトビデオへの出演は、モデルの意に反してやらせることは許されないものだとして、出演しなくても違約金《いやくきん》は払《はら》わなくてよいとされました。

現場では押《お》し切《き》られて撮影《さつえい》してしまっても、データを公表させないようにしたり、消去してもらったりすることはできないんでしょうか？

あまりにも意に反する内容の撮影《さつえい》を強要させられてしまったような場合には、その撮影会社《さつえいがいしゃ》に対して、発表の差止めなどの手段をとることができます。では、そういった対応はどのように行えばよいのか、Q＆Aでみていきましょう。

Q15

事務所の指示には従わなければいけないの？

アイドルは、原則として、事務所の指示に従って、仕事を行う必要がある。

事務所とアイドルの間の契約《けいやく》は、専属《せんぞく》マネジメント契約《けいやく》という内容の契約《けいやく》になっていることが多いです（Q8・24ページ参照）。この契約《けいやく》によって、アイドルには、事務所の指示に従って、様々な芸能活動をする義務が発生し、代わりに、報酬《ほうしゅう》を事務所に請求《せいきゅう》する権利が生まれることになります。一方で、事務所側は、アイドルに仕事を指示する権利が生まれますが、アイドルの活動のマネジメントを行い、報酬《ほうしゅう》を支払《しはら》う義務が発生します。

このような関係にある以上、アイドル側には、原則として、事務所の指示する仕事を行う義務があります。ですので、次のＱ16で紹介《しょうかい》するような業務ではない限り、事務所の指示に従い、命じられた仕事を行う必要があります。

Q16

水着の撮影《さつえい》の仕事が来たんだけど、やらなきゃいけないの？

アイドルであっても、「一般人《いっぱんじん》からしたら、意に反して行いたくはない仕事」であれば、拒否《きょひ》をすることができる。

アイドルは、雑誌のグラビアなどでの撮影《さつえい》の仕事をすることもありますが、その時に、水着での撮影《さつえい》を指示されるということがあります。契約書《けいやくしょ》の中には、「活動に際して、水着の着用を命じることがあり、その場合には、事務所の指示に従う」と明確に書いてあることもあります。そのような指示まで従わなければならないのでしょうか。

いいえ、たとえ「アイドルが事務所に従う」という内容の契約《けいやく》を結んでいたとしても、すべての指示に従い、どんな仕事でもしなければならないわけではありません。契約《けいやく》に記載《きさい》されていたとしても、意に反してまで行わせることのできない仕事というのはあり得るからです。

過去の裁判では、地下アイドルではありませんが、モデルとして事務所と契約《けいやく》をした女性のケースがあります。そのモデルと事務所の契約書《けいやくしょ》の中には、アダルトビデオに出演することが義務付けられているという条項《じょうこう》がありました。事務所は、その契約書《けいやくしょ》に記載《きさい》されている条項《じょうこう》を根拠《こんきょ》にアダルトビデオへの出演を強要し、それに従わないモデルに対して損害賠償《そんがいばいしょう》の請求《せいきゅう》を行いました。

しかしながら、判決では、アダルトビデオへの出演は、「一般人《いっぱんじん》からしたら、意に反してさせることが許されない性質の仕事」と認められ、そのような行為《こうい》を事務所が強要したことは、契約《けいやく》の解除をされてもやむを得ない事情であると認められました。結果として、モデル側からの契約《けいやく》解除が認められ、モデルにはアダルトビデオに出演する義務はなく、損害賠償《そんがいばいしょう》を支払《しはら》う必要はないと判断されました。そのように考えると、アダルトビデオに出演することを拒否《きょひ》することはできると考えるべきです。

アイドルについても、水着での撮影《さつえい》を事務所が指示できるか、そしてそれにアイドルが従わなければならないかどうかは、「一般人《いっぱんじん》からしたら、意に反してさせることが許されない性質の仕事」かどうかで判断されます。そして、人前で水着になることは、一般人《いっぱんじん》からしたら、意に反して行いたくはないと考えることはごく普通《ふつう》のことだと思いますので、アイドルの意に反してまで行わせることはできないと考えられるでしょう。

Q17

嫌《いや》な仕事を断ろうとしたら、「キャンセルの違約金《いやくきん》を支払《しはら》うように！」と言われたんだけど、本当にそんな違約金《いやくきん》を払《はら》わなければいけないの？

従う義務のない仕事であった場合は、アイドルは違約金《いやくきん》を支払《しはら》う必要はない。

アイドルと事務所の契約書《けいやくしょ》には、契約違反《けいやくいはん》をした場合には、事務所はアイドルに損害賠償《そんがいばいしょう》を請求《せいきゅう》できるという条項《じょうこう》がある場合もあります。事務所側としては、「アイドルが仕事を断ったせいで、撮影《さつえい》が中止になり、キャンセル料がかかったり、売上げが上がらなくなった」などということを理由に損害賠償《そんがいばいしょう》を請求《せいきゅう》することが考えられます。

しかし、Q16で見たように、水着での撮影《さつえい》は、意に反して行わせることができない性質の仕事です。もしそうだとすれば、アイドルには、もともと、水着での撮影《さつえい》を行う義務はなく、たとえ事務所の指示に従わなかったとしても、契約違反《けいやくいはん》にはなりません。

そのため、水着での撮影《さつえい》は、もともと従う義務がない仕事ということになりますので、それを断ったことを理由として、事務所がアイドルに対して損害賠償《そんがいばいしょう》を請求《せいきゅう》することはできないことになります。

Q16で紹介《しょうかい》した、アダルトビデオへの出演を強要《きょうよう》されたモデルも、事務所側から、損害賠償《そんがいばいしょう》を請求《せいきゅう》されました。しかし、裁判の判決では、そのモデルはアダルトビデオへの出演を強要されたことを理由に契約《けいやく》を正当に解除したので、アダルトビデオの撮影《さつえい》に参加しなかったことも違法《いほう》ではないという理由で、違約金《いやくきん》を支払《しはら》う必要はないと判断されました。

このように、従う義務のない仕事に従わなかったことで損害賠償金《そんがいばいしょうきん》を支払《しはら》う必要はありません。

Q18

嫌《いや》だったけど撮影《さつえい》して、発売された水着のDVD、どうしても嫌《いや》なので、発売をやめてほしいんだけど、そんなことできる？

・販売を差し止めるのはかなり難しいので、意に反する内容の写真や映像が出回らないように、出演するかどうかは、撮影の前に慎重《しんちょう》に考えましょう。

・写真・映像は必ず事前に確認できるよう依頼《いらい》しましょう。

アイドルの水着の撮影《さつえい》をめぐる問題の中には、雑誌やDVDなどの撮影《さつえい》で、現場に行ったところ、いきなり水着になるようにと言われた、というケースもあります。アイドルとしては、そのように現場で言われてしまうと断り切れず、やむを得ず、応じてしまうということもあるようです。

そのように、意に反して出演してしまった雑誌やDVDなどを、後になって販売《はんばい》を中止させるということはできるのでしょうか。

水着で撮影《さつえい》された雑誌やDVDには、そのアイドルの意に反する写真や映像が掲載されています。そのような場合、アイドルは、自分の望まない写真や映像が使用されているとして、自己の人格権《じんかくけん》（個人の尊厳《そんげん》を守るための権利）や肖像権《しょうぞうけん》（Q19で紹介《しょうかい》します）を根拠《こんきょ》に、それらの雑誌やDVDの販売《はんばい》の差止めを求めることが考えられます。

しかしながら、雑誌やDVDを出版するのは、憲法に定められている表現の自由で認められた権利ですので、差止めは簡単には認められません。差止めが認められるのは、多くは、アイドルや芸能人のプライバシーや個人情報が公開されているような場合や、撮影に承諾《しょうだく》していなかった場合が多いです。

過去には、アナウンサーの水着写真を掲載《けいさい》した雑誌を巡《めぐ》り、アナウンサーから、雑誌の出版社に対する損害賠償請求《そんがいばいしょうせいきゅう》が認められた事案があります。しかし、これは、他の雑誌のために撮影《さつえい》された写真を許可なく使用してしまったという事案です。ですので、このQのように、一度は撮影《さつえい》を了解《りょうかい》して出演したケースの前例として参考になるかどうかは疑問です。

また、女優が、ヘアヌード写真を撮影《さつえい》した出版社に対して、その写真集などの出版の差止めを求めた裁判では、女優の人格権《じんかくけん》と肖像権《しょうぞうけん》の侵害《しんがい》を認めて、差止めを認めました。しかし、このケースは、「掲載《けいさい》する写真は女優側が選ぶことができる」という取り決めがあったにも関わらず、出版社がそれを破って掲載《けいさい》してしまった事案です。そのため、このケースも、一旦《いったん》は撮影《さつえい》して掲載《けいさい》することを了解《りょうかい》していた場合の前例として参考になるかは微妙《びみょう》なところです。

なので、このようなトラブルが起きないように、事前に契約内容《けいやくないよう》を確認して、どうしてもやりたくない仕事については、あらかじめ伝えておき、契約書《けいやくしょ》に書いておくことが重要だと思います。

Q19

事務所が、私の名前と写真を勝手に使ってメイドカフェの経営を始めたんだけど、それっていいの？

・事務所がアイドルの顔写真を使う場合、後にトラブルになるケースがあるので、事前にきちんと話し合いをすることが大事。
・他人に顔写真を勝手に使用された場合には、肖像権《しょうぞうけん》を侵害《しんがい》されたことを根拠《こんきょ》に、削除《さくじょ》を求めることができる。

アイドルと事務所との間の専属《せんぞく》マネジメント契約《けいやく》では、著作権《ちょさくけん》や、芸名を使用する権利、アイドルの顔写真を利用する権利《けんり》は、事務所が行使《こうし》できると定められているケースがほとんどです。

著作権《ちょさくけん》を事務所が行使《こうし》するとはどういうことかというと、アイドルの活動で作られたCD、アイドルが作った歌詞や曲、撮影《さつえい》された写真や映像などを販売《はんばい》する権利は、事務所が行使《こうし》できるということです。アイドルは、それらが売れたことによって得られる印税の何割かを、報酬《ほうしゅう》としてもらうことになります。

また、芸名を使用する権利も事務所が持っていることになりますので、事務所をやめた後、前に使っていた芸名を使用することについて、トラブルが生じることがあります（芸名については、第7章で説明します）。

そして、肖像権《しょうぞうけん》とは、自分の姿を勝手に使用されないようにする権利のことです。例えば、自分の顔写真が勝手に雑誌に載《の》せられていた場合には、誰《だれ》だって嫌《いや》な思いをすると思います。そのような場合には、肖像権《しょうぞうけん》を侵害《しんがい》されたとして、削除《さくじょ》を求めることができます。アイドルと事務所の契約《けいやく》では、この肖像権《しょうぞうけん》は、事務所に管理が委託され事務所が行使《こうし》できるということになっています。

そして、肖像権《しょうぞうけん》の中でも、自分の顔写真など（肖像《しょうぞう》）をお客さんを呼び寄せる目的や、お金儲《かねもう》け目的のために他人に使用されないようにする権利を、特に「パブリシティ権」といいます。アイドルと事務所との間の契約《けいやく》では、このパブリシティ権も事務所が独占的《どくせんてき》に利用することができるとされていることが多いです。

しかし、たとえそのような契約《けいやく》を結んでいたとしても、イメージを大切にするアイドルやタレントが、勝手に自分の写真を店舗《てんぽ》に使用されることに対して嫌《いや》だと感じるのは当然のことです。そのような行為《こうい》は、事務所とアイドルとの間の信頼関係《しんらいかんけい》を損《そこ》なうことになると思いますので、契約《けいやく》解除の問題が発生する可能性もあります。

過去に、所属しているタレントの芸名をそのまま焼き肉屋チェーン店の店名に使用した芸能事務所があります。その事務所は、事後承諾《じごしょうだく》を得て、顔写真も焼肉屋の看板に使用してしまいました。その件は、後に裁判になり、判決では、そのような行為《こうい》はタレントに大きな精神的苦痛を与《あた》え、他の事情も併《あわ》せると、信頼関係《しんらいかんけい》を破壊《はかい》するものであると認められています。事後承諾《じごしょうだく》していたとしても、それは、タレントが従わざるを得ない立場にあったためであり、精神的苦痛を受けていたことには変わりはない、とも言っています。

権利をどのように使用するかということに関しては、契約書《けいやくしょ》に書いてあるから事務所がなにをしてもよい、というものではなく、きちんとアイドル側と話し合うことが必要です。

Q20

私の写真を勝手に看板に使っているメイドカフェがあるんだけど、やめさせられる？

・他人が顔写真を勝手に使っている場合には、アイドル本人から、差止め請求《せいきゅう》や損害賠償請求《そんがいばいしょうせいきゅう》ができる場合がある。
・事務所からも、写真の無断使用に対して、差止め請求《せいきゅう》や損害賠償請求《そんがいばいしょうせいきゅう》をすることができる。

これは、アイドルからの相談でよく聞くケースです。他にも、顔写真を、出会い系サイトの写真に勝手に使用されたり、キャバクラや風俗店《ふうぞくてん》の看板などに勝手に使用されたりするというケースがあるようです。

このQのケースの場合には、アイドル個人が自分のパブリシティ権の侵害《しんがい》を理由として、差止め請求《せいきゅう》や損害賠償請求《そんがいばいしょうせいきゅう》をすることができると考えるべきです。過去の最高裁判所《さいこうさいばんしょ》の判決では、「その人の写真が持っている集客力を利用すること」を主な目的として写真を利用したような場合には、写真を使われたタレント本人からの損害賠償請求《そんがいばいしょうせいきゅう》を認めるべきであるという判断がなされています。

そして、Q19で説明したとおり、アイドルと事務所との間の契約《けいやく》では、このパブリシティ権も事務所が独占的《どくせんてき》に利用することができるとされていることが多いです。このような場合には、事務所も、写真を無断で使用した店舗《てんぽ》に対して、損害賠償《そんがいばいしょう》の請求《せいきゅう》と、写真の使用の差止めを求めていくことになります。

このような写真の無断使用は悪質なものであるので、アイドルとしては、見つけたらすぐに事務所に相談して、毅然《きぜん》とした態度で臨《のぞ》むことが不可欠です。

姫乃たまのコラム

「やりたくない仕事選び」で理想に近づく

アイドルとしてチャンスを掴《つか》みたい時に、新しい仕事の依頼《いらい》が来たら、気乗りしない内容でも我慢《がまん》して引き受けるべきか悩《なや》んでしまうと思います。しかし、憧《あこが》れだったアイドル活動ができていても、そこにすごくやりたくない仕事が混ざってしまったら、これまで築《きず》き上げてきた自分のアイドルとしてのイメージが揺《ゆ》らいでしまうかもしれません。もしも自分の中に理想のアイドル像があるとしたら、どんな仕事をするのかと同じくらい、どんな仕事をしないのかも大事に選んでみましょう。

水着の仕事やアダルトビデオの仕事を、嫌《いや》がる人もいれば、望んでやっている人たちもいます。やりたくない人がせっかく無理やり頑張《がんば》っても、よほどの適性がない限り、楽しんで働いている人には敵《かな》いません。それに、嫌《いや》な仕事を乗《の》り越《こ》えたらと言って、必ず成功が待っているというわけでもありません。もしそんな仕事があったとしたら、みんな我慢《がまん》して乗《の》り越《こ》えているはずだからです。自分が嫌《いや》だと思う仕事は、可能なら無理せずに断ってしまいましょう。

それでももし断るのに自信がなかったら、「一般《いっぱん》の女の子がやりたくないと思うことは、アイドルだってやらなくていい」ということを思い出してみてください。アイドルである前に、ひとりの人間であることを忘れないようにしていれば、きっと活動も長続きすると思います。

第4章
地下アイドルと禁止事項《きんしじこう》のはなし
ワァ～
Idol × Rock 祭
ありがとうございました―!!
夢乃チカさんっスか？
オレ出演者っス
えっ… あ… ハイ
写真集買ったっス
チカのわっくわくsummer!
脱♡
ああ…あれね。
LINE交換いいっスか？
グイ…
エ…

バンド全然もうからないっス
あと水着エモかったっス！
チェキとかないんで
へえ〜
ま…このくらいいいよね
前髪切れよ！
つきあってるわけじゃないし…
パシャ…
あーあ…
つきあってるの見た！
#チカゆるさない
これは燃えるな〜〜〜

ハイダメ!
当面謹慎な
ソワ〜〜
ダ
すみません
「ファンをがっかりさせてしまった…
しゅん
よく読んで
トン トン
契約書に書いてある「恋愛禁止」
大損害
損
害

ホレ!!
君がライブに出演してたらかせいでたハズの売り上げちょーだい
エェ…
謹慎だけじゃなくて!?
ビジネスだから～
損害賠償ってやつね
ヨロシクー
そんなぁ～～～!!

つづく

アイドルの恋愛禁止《れんあいきんし》は暗黙《あんもく》の了解《りょうかい》みたいになっていますが、契約書《けいやくしょ》ではどんな書き方になっているんですか？

そうですね。明確に契約書《けいやくしょ》に『交際を禁止《きんし》する』という条項《じょうこう》があったケースもありますね。あと、『それが発覚した場合には、契約《けいやく》を解除する』という規定がある場合もあります。

チカちゃんは賠償金《ばいしょうきん》を請求《せいきゅう》されていますね。そんな条項《じょうこう》もあるんですか？

契約書《けいやくしょ》には、恋愛禁止《れんあいきんし》のルールを破ったら、『損害賠償《そんがいばいしょう》を請求《せいきゅう》することができる』という規定がある場合もあります。活動休止中や、解雇《かいこ》になってしまった後に稼《かせ》げるはずだった売上げを支払《しはら》うように、との請求《せいきゅう》を受けるアイドルも少なくないようです。

でも人間には誰《だれ》でも恋愛《れんあい》をする権利がありますよね。恋愛禁止《れんあいきんし》や賠償金《ばいしょうきん》を請求《せいきゅう》できるルールは有効なんでしょうか？

裁判例では、アイドルに恋愛禁止《れんあいきんし》のルールを課《か》すことは社会の一般的《いっぱんてき》な道義《どうぎ》に反することなので、それを破ったときに、賠償金《ばいしょうきん》を請求《せいきゅう》することはできない、と判断されたケースがあります。

アイドルが自主的に恋愛《れんあい》を禁止《きんし》するのはいいですが、契約《けいやく》で恋愛《れんあい》する自由を奪《うば》われ

るのはアイドルも人間なのにどうかと思います。

本来恋愛《れんあい》をする自由は誰《だれ》にでも認められているものですから、こういう条項《じょうこう》は、人権問題に当たりますね。法律でどうやって解決していくべきか、見ていきましょう。

Q21

アイドルの恋愛禁止条項《れんあいきんしじょうこう》は、本当に契約書《けいやくしょ》に記載《きさい》されているの？

恋愛禁止《れんあいきんし》についてのルールの定め方は、事務所によって異《こと》なる。

某《ぼう》有名アイドルグループがルールにしているということで有名になった「恋愛禁《れんあいきん》止条項《しじょうこう》」ですが、そのルールに対する扱いは、事務所によって異《こと》なります。

まず、そもそも恋愛禁止《れんあいきんし》のルールを設《もう》けておらず、アイドル本人の判断で恋愛《れんあい》を行うことも自由という事務所もあります。ただ、そういった事務所であっても、やはり、ファンとの私的領域《してきりょういき》でのつながりや交際は、禁止《きんし》していることが多いです。

一方、恋愛禁止《れんあいきんし》のルールを設《もう》けている事務所であっても、そのやり方は様々です。まず、ルールを設《もう》けていても、契約書《けいやくしょ》に書いたりはせずに、口頭《こうとう》で伝えるだけ、ということもあります。一方で、きちんと、契約書《けいやくしょ》に禁止《きんし》であることを記載《きさい》して、アイドルに守るように伝える事務所もあります。その書き方も様々で、例えば、一番厳しい書き方は、恋愛《れんあい》は禁止《きんし》すると明確に記載《きさい》されており、それが発覚した場合には、契約《けいやく》は即座《そくざ》に解除して、損害賠償金《そんがいばいしょうきん》を請求《せいきゅう》するというようなものです。そこまで厳しくないものでいうと、恋愛《れんあい》は禁止《きんし》するということだけ記載《きさい》されているものもあります。他には、「異性問題《いせいもんだい》での迷惑《めいわく》を事務所にかけないこととする」というように、恋愛自体《れんあいじたい》は構わないけれども、そのことでスキャンダルになるなどして事務所に迷惑《めいわく》をかけてはいけない、という書き方がされているものもあります。

　書き方は様々ですが、事務所としては、基本的にアイドルの恋愛《れんあい》等についてはあまり良いこととは考えていないように思います。

Q22

恋愛禁止《れんあいきんし》を破ったことを理由に、損害賠償金《そんがいばいしょうきん》を支払《しはら》えと言われたんだけど、支払《しはら》わなければいけない？

恋愛禁止条項《れんあいきんしじょうこう》を破って恋愛《れんあい》した場合でも、必ず損害賠償請求《そんがいばいしょうせいきゅう》が認められるわけではない。

恋愛禁止条項《れんあいきんしじょうこう》を破ったことで、事務所から損害賠償金《そんがいばいしょうきん》を請求《せいきゅう》されるということもあります。Q21で紹介《しょうかい》したように、契約書《けいやくしょ》や誓約書《せいやくしょ》（Q33で説明しています）の中に、恋愛禁止条項《れんあいきんしじょうこう》を破った場合には、アイドルに対して損害賠償金《そんがいばいしょうきん》を請求《せいきゅう》できるという条項《じょうこう》がある場合もあります。第1章で説明しましたが、契約《けいやく》とは、アイドルと事務所との間でなされた約束事《やくそくごと》ですので、お互《たが》いに守るべき義務があります。そうなると、契約書《けいやくしょ》に、恋愛《れんあい》は禁止《きんし》であって、破った場合には損害賠償《そんがいばいしょう》の請求《せいきゅう》ができると書いてある以上、それには従わなければならないと考えてしまうでしょう。

実際に、アイドルがファンの男性と恋愛関係《れんあいかんけい》になってしまい、それが事務所にバレてしまったために、事務所がアイドルとファンの男性の両方を相手に、契約書《けいやくしょ》の条項《じょうこう》を根拠《こんきょ》に、損害賠償金《そんがいばいしょうきん》の支払《しはら》いを求めて裁判を起こした事例もあります。

その裁判では、次のQ23で解説しますが、恋愛禁止条項《れんあいきんしじょうこう》の有効性というものが問題になりました。そして、裁判所は「恋愛《れんあい》をする自由は、人間が幸福に生きていくうえで重要な行為《こうい》なので、損害賠償《そんがいばいしょう》という形をとって恋愛《れんあい》を禁止《きんし》することは、行き過ぎである」と判断して、損害賠償《そんがいばいしょう》を求めることができるのは、アイドルが事務所に損害を与《あた》える目的で、わざと恋愛《れんあい》をしていた事実を公表するなど、害意《がいい》がある場合に限定するべきと判断しました。そして、アイドルに対しても、ファンの男性に対しても、損害賠償金《そんがいばいしょう》を請求《せいきゅう》することはできない、と結論付けました。

恋愛禁止《れんあいきんし》をめぐる条項《じょうこう》は、世間でもかなり話題になることが多いですが、基本的人権の観点から慎重《しんちょう》な議論が必要だと思います。

Q23

恋愛禁止《れんあいきんし》を破ったことを理由に、解雇《かいこ》されたんだけど、その解雇《かいこ》は有効？

- 違法《いほう》なこと、社会常識に反すること、重要な権利を制限する契約《けいやく》は、無効になる。
- 恋愛《れんあい》を禁止《きんし》する契約《けいやく》は、幸福を追求するために重要な権利を制限する内容なので、無効になる場合もあり得る。

恋愛禁止条項《れんあいきんしじょうこう》は、契約書《けいやくしょ》や誓約書《せいやくしょ》に記載《きさい》されていることがあり、破った場合には、契約《けいやく》を解除するとされていることがあります。これに従うと、恋愛禁止条項《れんあいきんしじょうこう》を破った場合には、契約《けいやく》を解除されても仕方がないという判断になってしまいそうです。

しかし、契約書《けいやくしょ》に書いてあることであっても、すべての約束事《やくそくごと》に従わなければならないわけではありません。違法《いほう》なことを目的とする内容や、社会常識に反するような内容、当事者の重要な権利を大きく制限するような内容の条項《じょうこう》は、たとえお互《たが》いが合意していたとしても、無効になるとされています（「公序良俗違反《こうじょりょうぞくいはん》」といいます）。

例えば、100万円を払《はら》う代わりに人を殺すことをお願いする、という契約《けいやく》があったとします。そのときに、契約《けいやく》で約束したのだから、本当に人を殺す義務があるのか、また、本当に100万円を払《はら》わなければいけないのか、という問題が発生します。しかし、人を殺す、などという契約《けいやく》は、違法《いほう》なこと（殺人）を目的とする契約《けいやく》ですし、社会常識に著《いちじる》しく反するものであることは明らかです。よって、「100万円を払《はら》う代わりに人を殺す」という契約《けいやく》は、無効になります。

このような考え方は、恋愛《れんあい》を禁止《きんし》する契約《けいやく》にも当てはまります。他人と恋愛《れんあい》をするということは、人間として豊かに生きていくために大切なものであって、幸福に生きていくために重要な行為《こうい》です。そのように、幸福を追求するために重要な行為《こうい》である恋愛《れんあい》は、憲法でも保障された、重要な基本的人権です。この点が正面から判断された事例はまだありませんが、そのような基本的人権を制限して、破ったら契《けい》約《やく》を解除する、などという契約《けいやく》の条項《じょうこう》は、無効になる場合もあり得ます。

したがって、恋愛禁止条項《れんあいきんしじょうこう》を破ったことをもって契約《けいやく》を解除することはできないと考えられます。

姫乃たまのコラム

恋愛《れんあい》を禁止《きんし》するかはアイドル本人が決めるべし

アイドルも人間なので、契約《けいやく》や事務所など、他者によって恋愛《れんあい》を禁止《きんし》されるべきではありません。しかしアイドルの恋愛禁止《れんあいきんし》は、暗黙《あんもく》のルールとしてファンの間でも、アイドル本人たちの間でも常識のように認められています。なぜならアイドルが恋人《こいびと》の存在を公《おおやけ》にしても、デメリットはあるものの、特にメリットはないからです。また、普通《ふつう》の女の子でもアイドルになれるいまの時代において、普通《ふつう》の女の子とアイドルとの決定的な違《ちが》いが「恋愛禁止《れんあいきんし》」かどうかになっていることも理由だと考えられます。

いずれにしても恋愛《れんあい》を禁止《きんし》するかどうかは、アイドル本人が自分自身のアイドルとしての倫理観《りんりかん》と照らし合わせて決めなければ意味がありません。そもそも恋愛感情《れんあいかんじょう》は完璧《かんぺき》にコントロールできるものではないからです。

最近ではＮｅｇｉｃｃｏのＮａｏ☆さんや、でんぱ組．ｉｎｃの古川未鈴さんなど、結婚を公表してからもアイドル活動を続けるケースが増えていますが、どちらも10年以上に渡《わた》ってグループとアイドル界に貢献《こうけん》してきた功績《こうせき》があり、恋愛要素《れんあいようそ》を抜《ぬ》きにしたとしても質の高いパフォーマンスが認められています。本当に恋愛《れんあい》を禁止《きんし》するかどうかはさておき、よほどのことがない限り、いきなり恋愛事情《れんあいじじょう》をおおっぴらにするのは、それをキャラクターとして活《い》かすくらいの戦略がないと意味がなさそうです。

第5章 地下アイドルと契約《けいやく》期間《きかん》のはなし

地下アイドル…
大丈夫？
うい〜〜…
酔ってるにゃ〜
バタ…
エ？
オレ客よ？
無理ゲー
人として、アイドルとして…
今わたし…
終わった…
で…
わっくわくプロダクション
辞めたいて…
……

社長
どーすか!?
ん〜
契約期間
あと一年
あるから〜
ピラピラ
辞めるの
無理
ブクブク
ガタガタ

つづく

アイドルの過重労働《かじゅうろうどう》はよく問題になりますね。実際、アイドルの子で、体調を崩《くず》してしまう子は多いのですか？

はい。知名度が低くても出演できるライブがたくさんあるんです。しかし出演料が高いわけではないので、アルバイトをしている子もたくさんいます。歌って踊《おど》るライブも肉体労働《にくたいろうどう》なので、体力が必要で過労になりやすいです。

そういうケースで体調を崩《くず》してしまい、契約《けいやく》の期限が来る前に卒業してしまったりするケースも多いのですか？

人によっては数回でやめる場合もあります。でもチカちゃんのように体調不良なのにやめられないのはかわいそうですね。

そうですね。やめたいのにやめられない、という相談をしてくるアイドルの子は結構多いです。本来行うべきライブが体調不良でできなくなってしまっているので、アイドルを続けるのは難しいですよね。

活動が継続《けいぞく》できない状態でも、契約《けいやく》があるからってアイドルを続けていかなければならないんですか？

ここでも、前に問題になった、『労働者《ろうどうしゃ》かどうか』ということが重要になってきます。労働者《ろうどうしゃ》であれば、期間の途中《とちゅう》でも、やむを得ない事情があれば、解約できます。

反対に活動を続けたくても、契約《けいやく》が満期になったらやめさせられちゃうこともありますよね？

そうです。そこがかなり問題で、アイドルの側から、契約《けいやく》の延長の申込みができない、という規定になっている契約書《けいやくしょ》もあります。

事務所からはできるのに、それだと一方的ですね。

そうです。では、どういったことが問題になるのかQ＆Aで見ていきましょう。

Q24

事務所との契約《けいやく》の期間は、どのくらいになっていることが多いの？

アイドルと事務所の契約《けいやく》は、期間が定められており、1年〜3年程度になっていることが多い。

契約《けいやく》とは、アイドルと事務所の間で合意した約束事《やくそくごと》であり、それによって、お互《たが》いに権利と義務が発生することは、第1章で説明しました。契約《けいやく》によって義務が発生するわけですから、いつまでもその契約《けいやく》の効果が続くとすると、ずっとその義務に縛《しば》られることになってしまい、大変です。そのため、アイドルと事務所との間の契約《けいやく》には、期間を決めることが通常です。

具体的には、「この契約《けいやく》は、○年○月○日から、○年○月○日までの○年間とする」とか、「この契約《けいやく》の有効期間は、契約《けいやく》を締結《ていけつ》した日から○年間とする」というような書き方をしていることが多いです。

その期間についてですが、１年と短めに設定している契約書《けいやくしょ》もあれば、３年と長期間にしているものもあります。これも統計《とうけい》を取っているわけでないですが、様々な契約書《けいやくしょ》を見て、一番多かったのは、２年間という期間でした。

契約《けいやく》は、期間中しか効力はありませんので、その期間が過ぎれば、通常は契約書《けいやくしょ》に書かれた権利と義務の関係は無くなることになります。

Q25

契約《けいやく》の期限が来たけど、まだ活動したい場合はどうすればいいの？

・契約《けいやく》期間《きかん》後《ご》も契約《けいやく》を続けたい場合には、契約《けいやく》の「更新《こうしん》」を行う。
・更新《こうしん》の時には、契約《けいやく》内容の見直しを行うことが大事。

Q24で紹介《しょうかい》したとおり、契約《けいやく》の期限が来た場合には、契約《けいやく》は終了《しゅうりょう》するのが原則です。しかし、そのアイドルが活動の継続《けいぞく》を希望しているような場合や、事務所側としても活躍《かつやく》しているのでまだまだ活動してほしい、と思っているような場合には、どうするべきでしょうか。

そのような場合には、契約《けいやく》をもう一度結んで、契約《けいやく》の効力が続く期間を延ばしていくことになります。

このように、期限が来た契約《けいやく》を再度結びなおすことを、契約《けいやく》の「更新《こうしん》」といいます。契約《けいやく》の更新《こうしん》の時には、再度、前と同じ契約書《けいやくしょ》を用《もち》いて、契約期間《けいやくきかん》のところだけを書き直して、お互《たが》いにサインをすることが通常です。そのため、契約《けいやく》を更新《こうしん》するたびに、期間の部分が更新《こうしん》された契約書《けいやくしょ》がどんどん増えていくことになります。

期間のところを書き直すだけなので、その他の契約《けいやく》の条件は変わらないことになります。しかし、これまでに説明したとおり、事務所との間の契約《けいやく》では、アイドルに不利な条項《じょうこう》になっていることが多いので、これから契約《けいやく》の更新《こうしん》をする予定のアイドルの方は、その機会に、契約書《けいやくしょ》の条項《じょうこう》の見直しの交渉をしてみてはいかがでしょうか。

Q26

契約《けいやく》の期限が来たので、更新《こうしん》の手続をしたいんだけど、どうやってやるの？

・更新《こうしん》することについて、アイドルと事務所の両方が合意すれば更新《こうしん》を行うことができる。

・事務所からしか契約更新《けいやくこうしん》の申込みができないという条項《じょうこう》は、不公平なので、契約《けいやく》を結ぶときに必ずチェックしておく。

契約《けいやく》の更新《こうしん》のやり方ですが、基本的には更新《こうしん》することについて、アイドルと事務所の両方が合意すれば更新《こうしん》を行うことができます。

その時に「更新《こうしん》しましょう」と相手に呼びかけることを、「更新《こうしん》の申込み」といいます。その更新《こうしん》の申込みに対して、相手が了解《りょうかい》したら、Q25で説明したように、新たに契約書《けいやくしょ》を締結《ていけつ》することになります。

しかし、アイドルと事務所の契約書《けいやくしょ》の中には、更新《こうしん》の申込みについては、事務所側からしかできないと書いてあるものもあります。具体的には、「契約《けいやく》の期限が来た時に、事務所側が更新《こうしん》を要求した場合には、この契約《けいやく》を更新《こうしん》することができる」というような書き方です。この条項《じょうこう》に従うと、アイドル側からは契約《けいやく》の更新《こうしん》の申込みができないことになり、更新《こうしん》をするかどうかは事務所側が判断するということになってしまいます。

もちろん実際には、契約《けいやく》の申込みができるだけでは契約《けいやく》は成立せず、更新《こうしん》の申込みに対して相手方が合意しなければ、契約《けいやく》の更新《こうしん》はされません。つまり、アイドル側から契約《けいやく》の更新《こうしん》の申込みができたとしても、事務所が更新《こうしん》自体《じたい》に合意しなければ更新《こうしん》はされませんので、どちらから申込みできるかという点については、あまり問題ではないといえるかもしれません。

しかし、契約《けいやく》を更新《こうしん》するかという点については、この後の活動を継続《けいぞく》できるかどうかという、非常に重要な事項《じこう》です。このような契約《けいやく》の更新《こうしん》の申込みについて、アイドル側にはその権利がなく、事務所側からの提案を待つしかないという条項《じょうこう》は、不公平であることは明らかです。

このような条項《じょうこう》も、アイドル側に不利な契約書《けいやくしょ》の条項《じょうこう》のひとつですので、契約《けいやく》を結ぶ時に、必ずチェックしておきましょう。

Q27

契約《けいやく》の期限が過《す》ぎちゃってるんだけど、更新《こうしん》手続はしないといけない？

・契約《けいやく》が満了《まんりょう》するまでに、契約《けいやく》を更新《こうしん》しないとの意思が表明されなかった場合、契約《けいやく》は、自動で更新《こうしん》されることが多い。
・自動更新《じどうこうしん》について、アイドルが拒否していても、事務所の一存《いちぞん》でできるとする条項《じょうこう》は、不当であって、無効と考えるべき。

契約《けいやく》の期限が過ぎてしまっているのに、それまでと変わらず、活動をしているというケースはよくあることです。事務所側もアイドル側も、日々の活動や業務に忙《いそが》しく、また、契約書《けいやくしょ》の内容についてきちんと確認していないこともあったりして、契約《けいやく》の期限が切れていることに気づかないということがあるからです。

そのように、契約《けいやく》が切れているにもかかわらず、活動を継続《けいぞく》していた場合にはどうなるのでしょうか。契約《けいやく》が切れているので、その間の活動に対して給料を要求する権利はないということになってしまうのでしょうか。

契約書《けいやくしょ》の中には、更新《こうしん》の手続をしない場合の条項《じょうこう》が記載《きさい》されていることがほとんどです。具体的には「契約期間《けいやくきかん》が満了《まんりょう》する○か月前までに、お互《たが》いが、契約《けいやく》をしないことを伝えなかった場合には、契約《けいやく》は自動的に更新《こうしん》されるものとする」という条《じょう》項《こう》です。つまり契約《けいやく》が終了《しゅうりょう》する前に、契約《けいやく》の更新《こうしん》を希望しないということを伝えていなければ、契約《けいやく》は自動的に更新《こうしん》されることになります。

そのように自動的に更新《こうしん》された場合の契約《けいやく》の条件は、通常は更新《こうしん》される前の契約《けいやく》と同じになります。また、自動的に更新《こうしん》された後の契約《けいやく》の期間についても、更新《こうしん》される前の契約《けいやく》と同じにすると定められていることが通常です（例えば、更新《こうしん》される前の契約《けいやく》の期間が2年間であれば、自動更新後《じどうこうしんご》の契約期間《けいやくきかん》も2年間になります）。

この自動更新《じどうこうしん》の条項《じょうこう》について、まれにですが、「アイドルが更新《こうしん》を希望しなかった場合であっても、事務所側がそれを了承《りょうしょう》しなかった場合には、1回に限り自動的に更新《こうしん》されるものとされる」などと書いてある場合があります。この条項《じょうこう》について、書いてあることだけで判断すると、「アイドルが更新《こうしん》しないことを伝えた」場合であっても、「事務所側がそれを承諾しなかった」場合には、契約《けいやく》は自動更新《じどうこうしん》になってしまいます。このような結論は、アイドルが更新《こうしん》しないことを希望しているにもかかわらず、事務所側の判断で自動更新《じどうこうしん》がされることになってしまうので、アイドルがやめたくてもやめられないということになってしまい、当然、適切ではありません。ですので、このように、アイドル側が更新《こうしん》を拒否《きょひ》していても、事務所側の一《いち》存《ぞん》で自動更新《じどうこうしん》することができるとする条項《じょうこう》は、不当であって、無効と考えるべきです。

よって、もしこのような条項《じょうこう》があったら、修正を求めましょう。

Q28

体調を崩《くず》したからもう活動をやめたいんだけど、契《けい》約期間《やくきかん》はあと1年残《のこ》ってる。今すぐにやめられる？

・事務所をやめたい場合は、まず事務所としっかりと話し合おう。
・契約書《けいやくしょ》に、アイドルから契約《けいやく》を解除することができるという条項《じょうこう》がある場合には、その条項《じょうこう》に従って契約《けいやく》を解除することができる。
・契約書《けいやくしょ》に書いてなくても、「やむを得ない事由」がある場合には、契約《けいやく》を解除することができる場合もある。

アイドルは、ライブなどの予定が非常に多く、体力的につらい時期が続くことがあります。また第2章で紹介《しょうかい》したように、十分な給料をもらえないことが多いので、活動を継続《けいぞく》していくことが難しくなることが多くあります。そのような場合に、契《けい》約《やく》の期限がまだ来ていない段階で、契約《けいやく》を途中《とちゅう》で打ち切ることはできるのでしょうか。

契約《けいやく》の期間についても、お互《たが》いが約束で決めたことですから、アイドルも事務所も守らなければなりません。そのように考えると契約《けいやく》の期間の途中《とちゅう》で、アイドルをやめてしまうということはできないようにも思われます。

しかし、このケースのように、もう続けていくことが体調的につらいような場合まで、その約束に拘束《こうそく》されてしまうというのは非常に問題です。そのような場合に、アイドル側から契約《けいやく》を打ち切る手段については次のような方法があります。

まず、一番良いのは、事務所ときちんと話し合いをして合意の上でアイドルをやめることです。いわゆる円満退職《えんまんたいしょく》ということになります。このような場合には、契《けい》約《やく》を打ち切る事について、アイドルと事務所の間で異存《いぞん》はないということになりますので、トラブルが起こる可能性は低いです。このように、アイドルと事務所との間で、話し合って契約《けいやく》を打ち切ることを、契約《けいやく》の「合意解約《ごういかいやく》」といいます。

では、事務所とアイドルの間で合意ができない場合に、アイドル側から契約《けいやく》を一方的に打ち切ること（「解除」といいます）はできるのでしょうか。例えば、契約書《けいやくしょ》の中に、アイドル側からの解除を認めるような条項《じょうこう》があれば解除をすることができます。具体的な例を挙げると、「3か月前までに事務所に書面で申し出れば、契約《けいやく》を途中で解除することができる」というような条項《じょうこう》です。このような条項《じょうこう》があれば、アイドルはその条項《じょうこう》に従って契約《けいやく》を解除することができます。

しかし、このようにアイドル側からの契約《けいやく》の解除を認めるような条項《じょうこう》が、契約書《けいやくしょ》に書いてあるようなことはほとんどありません。では、アイドル側から契約《けいやく》の解除を求めるにはどうすればよいのでしょうか。

ここでも、アイドルが「労働者《ろうどうしゃ》」であるかどうかという点が非常に重要になってきます。アイドルが「労働者《ろうどうしゃ》」であれば、労働法《ろうどうほう》が適用されます（Q12・43ページ参照）。そして、労働法《ろうどうほう》の中には、「やむを得ない事由があれば、期間途中《きかんとちゅう》であっても、契約《けいやく》を解除できる」という条文があります。よって、アイドルが労働者《ろうどうしゃ》であるとみなされ、さらに「やむを得ない事由」があれば、アイドル側からも契約《けいやく》を解除することができるということです。

そして、「やむを得ない事由」とは、「今すぐに契約《けいやく》を解約しなければならないという重大な事由」とされています。例えば裁判では、アイドルと事務所との間の契《けい》約《やく》が、アイドルに一方的に不利で、事務所は給料をほとんど支払《しはら》っておらず、また、損害賠償《そんがいばいしょう》の権利を事務所側だけが持っているような条項《じょうこう》になっていることが「やむを得ない事由」に当たるとして、アイドルからの契約《けいやく》の解除を認めた例があります。

また、Q16で出てきた、アダルトビデオへの出演を強要されたモデルの裁判においても、アダルトビデオの出演の強要《きょうよう》をすることは「やむを得ない事由」に当たるとしてモデルからの契約《けいやく》解除を認めました。

アイドルというのは、歌を歌ったり、ダンスをしたりと、大変体力がいる仕事です。その仕事をするのに、体調を崩《くず》してしまっては十分な活動をすることはできません。よって、体調を崩《くず》してしまったことは、「やむを得ない事由」に該当《がいとう》するとして、契約《けいやく》を解除することができると考えられます。

Q29 事務所から一方的に契約《けいやく》を解除すると言われたんだけど、それは有効なの？

・契約書《けいやくしょ》には、アイドルが行ってはならないこと（禁止事項《きんしじこう》）が定められていることが多い。
・禁止事項《きんしじこう》に違反《いはん》したとしても、すぐに契約《けいやく》を解除することができるわけではなく、「やむを得ない事由」が必要である。

Q28で、契約書《けいやくしょ》の中にアイドル側からの契約《けいやく》の解除を認めるような条項《じょうこう》が書いてあることはほとんどないと紹介《しょうかい》しました。

しかし、逆に、事務所側からの契約《けいやく》の解除を認める条項《じょうこう》は、ほぼ全ての契約書《けいやくしょ》に記載《きさい》されています。契約書《けいやくしょ》の中にアイドルが行ってはならないこととして様々な事《じ》項《こう》が記載《きさい》されており、それに反した場合は、事務所が一方的に契約《けいやく》を解除することができるというような条項《じょうこう》です。

アイドルが行ってはならない事項《じこう》としては、例えば、事務所の信用を害するような行為《こうい》、喫煙《きつえん》や飲酒《いんしゅ》、異性との恋愛《れんあい》、深夜の外出、事務所を通さない仕事を受けること、ファンとの交流・連絡先《れんらくさき》の交換、宗教的行為《しゅうきょうてきこうい》、マルチ商法、暴力団との交際などがあります。また、契約書《けいやくしょ》に書いていないことであっても、法律に違反《いはん》した場合や、事務所からの指示の無視など契約《けいやく》の重要事項《じこう》に違反《いはん》した場合には、契約《けいやく》の解除ができるとされています。

では、このような禁止事項《きんしじこう》に違反《いはん》したような場合に、アイドルは必ず契約《けいやく》を解除されてしまうのでしょうか。この場合でもアイドルが労働者《ろうどうしゃ》であるかどうかという点が非常に重要になってきます。なぜなら、労働契約《ろうどうけいやく》であれば、Q28で説明したように、契約《けいやく》の解除はやむを得ない事由がないとできないからです。つまり、事務所は右記のような禁止《きんし》されている事項《じこう》について、単にアイドルが破ったというだけでは解除できず、それによってアイドルと事務所との間の信頼関係《しんらいかんけい》が破壊《はかい》され、すぐにでも契約《けいやく》を解除しなければならないような事情がないと解除はできません。例えば、何度注意してもアイドルが問題行為《もんだいこうい》をやめず、もはや改善が見込《みこ》めないような場合や、アイドルが事務所のお金を盗《ぬす》むなどの犯罪行為《はんざいこうい》を行ってしまい、信頼関係《しんらいかんけい》を大きく破壊《はかい》するような場合です。

私が担当した事案でも、ほんの些細《ささい》な契約違反《けいやくいはん》を理由に、すぐにアイドルとの契《けい》約《やく》を解除しようとする事務所がありました。しかし、そのような時に注意や指導をすることによって、教育をしていくことも事務所の役割だと考えますので、すぐに契約《けいやく》を解除するというような行為《こうい》に出るのは、控《ひか》えるべきだと思います。

また、事務所の中には、禁止事項《きんしじこう》に全く記載《きさい》されておらず、法律違反《ほうりついはん》でもないことを理由として、契約《けいやく》を解除してくるところもあります。そのような場合は、当然、契約《けいやく》を解除する理由がありませんので、契約《けいやく》解除はできません。

また、契約《けいやく》解除について、契約書《けいやくしょ》に、アイドル側からの解除を認めるような条項《じょうこう》の記載《きさい》が全く無いにもかかわらず、事務所側からの解除については、このように細かく書いてあるというのは、アイドルの地位を非常に不安定にしており、とても不公平ですので、やはり、契約書《けいやくしょ》を結ぶ時にきちんと確認しておくことが大事です。

姫乃たまのコラム

「休むための体力」を養《やしな》っておきましょう

アイドルをやめたいと思った時、もちろん無理して続ける必要はありませんが、せっかくここまで活動してきたのなら「休む」という選択肢《せんたくし》があることも覚えておいてくれたら嬉《うれ》しいです。疲弊《ひへい》しきってしまうと思考力が低下して、休むためのプロセスが考えられなくなってしまうからです。いっそやめてしまったほうが楽だと思えてきます。

休もうと思うと、その間のライブはどうするか、復帰の時期はいつにするか、それまでに本当に回復するのか等々、心配事が尽《つ》きません。何より、移り変わりの早い業界なので、ファンに忘れられてしまわないか不安になると思います。しかし、限界になってしまうほど頑張《がんば》り続《つづ》けた人ならば、本当に大切にしてくれるファンは必ず待っていてくれます。それよりも休もうか悩《なや》んだ時に、意外と理解を示してくれないのが自分自身だったりします。

つらさは他人とは比較《ひかく》できません。周囲の誰《だれ》かが自分より忙《いそが》しそうだったり、頑張《がんば》っているように見えたりしても、もっと頑張《がんば》らなきゃと思う必要はありません。あなたがつらいなら、それは間違《まちが》いなくつらいのです。

華《はな》やかな印象のアイドル業ですが、基本的には歌って踊《おど》る肉体労働《ろうどう》で、常に笑顔でいなければいけないので、精神的にも疲労《ひろう》する仕事です。駆《か》け出《だ》しの頃はさらに学業やアルバイトなど

姫乃たまのコラム

と兼業《けんぎょう》している人も多いでしょう。スタイル維持《いじ》のために過度な食事制限をしたり、ライブが夜遅くて生活習慣が乱れたり……。基本的なことですが睡眠と食事はなるべくとって、いざという時に休む方法を考えられるくらいに自分を労《いたわ》ってあげてください。

第6章
地下アイドルと
損害賠償《そんがいばいしょう》のはなし
だから お母さん 心配だったのよ
地下 アイドルなんて…
芸能界って 怖い世界ね〜〜
ゴメンナサイ…
あなた!!
うむ…
へー…
チカ
辞表 出して きなさい
キリ…

退職届
ヨシ！がんばった
偉いわチカ!!
ハァ…出せた
オイオイ…
オイオイ家族総出かよ〜
ソワ〜…
どうも
わたしが社長ですわ
社長

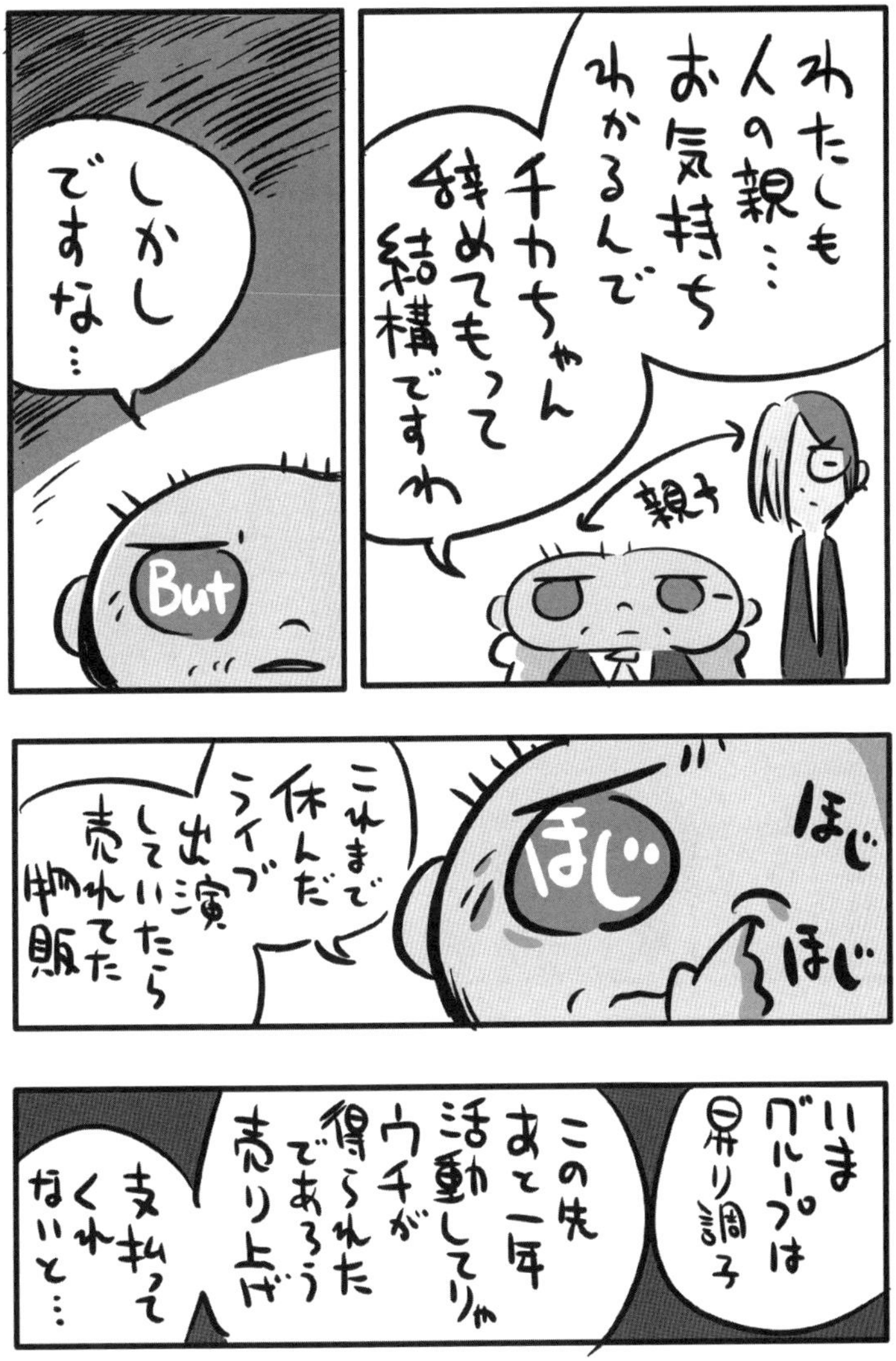
わたしも人の親…お気持ちわかるんで
チカちゃん辞めてもって結構ですわ
親子
しかしですな…
But
ほじ
ほじほじ
これまで休んだライブ出演していたら売れてた物販
いまグループは昇り調子
この先あと一年活動してりゃウチが得られたであろう売り上げ
支払ってくれないと…

試算すると だいたい……
ん──……
チ───ン
288万円ほどお支払いいただければ
パパごめん……
なっ!?
ア十月!! ローンは!?
家売りましょう 家!!
ブッ
たっ……。
助けて〜〜〜……
ローンが……

つづく

将来のライブの売上げってまだ発生してないお金ですけど、請求《せいきゅう》されることがあるんですか？

はい、これはよくある事件なんです。アイドル側が途中《とちゅう》で解約したいと言った場合は、将来分まで請求《せいきゅう》されることがありますね。チカちゃんのように200万円払《はら》えと言われた事例もありました。そんな金額は普通は払《はら》えないので、やめさせないための脅《おど》しとして使うケースもあるようですね。

やめた後の売上げっていくらになるかわからないし……。支払《しはら》わないとダメですか？

きちんと法律にのっとって契約《けいやく》を解除した場合には、その契約《けいやく》解除は正当ですので、事務所は、その後の売上を損害として請求《せいきゅう》することはできませんね。

きちんと法律にのっとった契約《けいやく》解除ってどういう場合ですか？

アイドルの体調不良など、契約《けいやく》を解除する「やむを得ない事由」があるような場合です。

アイドル側に違反行為《いはんこうい》があるような場合はどうでしょうか？

先ほどの恋愛禁止条項《れんあいきんしじょうこう》、未成年の飲酒《いんしゅ》や喫煙《きつえん》など、信用を失墜《しっつい》させる行為《こうい》などがあった場合ですね？

そうそう、それです！　さすがに、アイドル側に落ち度があるときは、賠償金《ばいしょうきん》を全《ぜん》額《がく》支《し》払《はら》わないといけないですよね……？

ケースにもよりますが、全《ぜん》額《がく》支《し》払《はら》わないようにする解決方法はあると思います。では、どう解決していくべきか、Ｑ＆Ａで見ていきましょう。

Q30

体調が悪くてライブを休んだら、事務所から損害賠《そんがいばい》償請求《しょうせいきゅう》されたけど、これは払《はら》わなければいけない？

アイドル側に契約違反《けいやくいはん》や法律違反《ほうりついはん》などの落《お》ち度《ど》がない限り払《はら》う必要はない（事務所は損害賠償請求《そんがいばいしょうせいきゅう》を行うことはできない）。

アイドルは事務所の指示に従ってライブなどの芸能活動をするという契約《けいやく》になっています。しかしこのケースのように、体調やその他の事情で、やむを得ずライブを欠席しなければならないという事態になることもあると思います。そのようなとき、アイドルはライブに出演することができなくなりますので、ソロアイドルであれば、当然出演料がもらえなくなりますし、グループアイドルであっても、そのアイドルの物販《ぶっぱん》やチェキ撮影《さつえい》などによる収入が無くなりますので、事務所の利益も少なくなります。

そのような場合に、アイドルの不手際《ふてぎわ》で事務所の利益がなくなったという理由で、アイドルに損害賠償請求《そんがいばいしょうせいきゅう》をすることができるでしょうか？　確かにアイドルの体調管理ができていなかったことで事務所に損害が発生しています。

しかし、アイドルと事務所との間の関係は、契約関係《けいやくかんけい》です。そのように契約関係《けいやくかんけい》にある事務所側が、アイドルに対して損害賠償請求《そんがいばいしょうせいきゅう》をするには、アイドル側に落《お》ち度《ど》がなければいけません。その落《お》ち度《ど》とは、具体的に言うと、例えば契約《けいやく》に違反《いはん》する行為《こうい》であったり、その他の法律に違反《いはん》するような行為《こうい》です。そのような行為《こうい》が無い限りは、いくらアイドルの行動が原因で事務所の収入が無くなったとしても、それを損害金《そんがいきん》としてアイドルに請求《せいきゅう》することはできません。

このケースでは、アイドルの体調不良ということであり、体調不良はどんな人であっても起こり得ることです。それをアイドルの落《お》ち度《ど》として評価するのは酷《こく》なことです。

したがって、事務所はこのようなケースでアイドルに損害賠償請求《そんがいばいしょうせいきゅう》をするということはできないと考えるべきです。

Q31

契約《けいやく》を事務所側に解除されて、過去に事務所が払《はら》った衣装代、レッスン費用、交通費を損害賠償金《そんがいばいしょうきん》として請求《せいきゅう》されたんだけど、支払《しはら》わなければいけない？

・アイドルに契約違反《けいやくいはん》があったときに、アイドルに対して、過去の衣装代、レッスン費用などの費用を損害賠償《そんがいばいしょう》として支払《しはら》うことを命じた判決がある。

・アイドルに契約違反《けいやくいはん》があっても、過去に支払《しはら》った費用をすべて賠償《ばいしょう》しなければならないかどうかは、判断が分かれる。

アイドル側に契約違反《けいやくいはん》があった場合に、事務所が契約《けいやく》を解除することができると書いてある契約書《けいやくしょ》が多いことは既《すで》に説明しました。加えて事務所が契約《けいやく》を解除する時に、事務所がアイドルのために過去に使った費用、具体的には、衣装代・レッスン費用・交通費をアイドルに請求《せいきゅう》できる、と契約書《けいやくしょ》に書いてあることもあります。

そのように、過去にかかった費用全てをアイドルに請求《せいきゅう》することができるという契約《けいやく》は有効なのでしょうか。

裁判例の中には、タレント側が、移籍後《いせきご》の活動制限条項《かつどうせいげんじょうこう》（Q35で説明します）に反して活動するという契約違反《けいやくいはん》をしていた場合に、事務所側が支出していたグッズ作成費用、レコーディング費用、ダンスレッスン費用、衣装代などの一部を損害金《そんがいきん》として認め、タレントに支払《しはら》うように命じたものがあります。

このように、過去にタレントにかかった費用の一部を、損害金《そんがいきん》としてタレントに請求《せいきゅう》することを認めた裁判例もありますが、多くの事務所は、アイドルを労働者《ろうどうしゃ》のように使用して利益を上げています。そのような場合にアイドルの教育や、活動に要した費用というのは、そういった事業を行う上で、事務所が負担すべき費用であるとの意見もあります。

判断は分かれていますが、事務所がアイドルを使用して利益を上げる過程で支出した費用については、その利益を得た事務所で負担するというのが筋《すじ》であり、いくら契約違反《けいやくいはん》をしたとはいえ、過去の費用までアイドルに負担させるのは酷《こく》ですので、費用の全てを損害賠償請求《そんがいばいしょうせいきゅう》できるとの契約《けいやく》は、無効であると考えます。

Q32

契約《けいやく》を途中《とちゅう》で解除したら、将来1年間出演する予定だったライブの売上げを全て支払《しはら》えと言われたんだけど、こんな請求《せいきゅう》応じなきゃいけない？

・契約《けいやく》を有効に解除した場合には、将来のライブの売上分を損害として請求《せいきゅう》することはできない。
・アイドルが労働者《ろうどうしゃ》であるといえる場合、あらかじめ損害賠償《そんがいばいしょう》の額を定めておくことは、法律《ほうりつ》違反《いはん》で許されない。

Q28で紹介《しょうかい》したとおり、「やむを得ない事由」があれば、アイドル側から契約《けいやく》を解除することができます。しかしながら、そのような場合に、事務所側から契約《けいやく》の違反《いはん》を理由として、ライブなどの売上分の損害賠償請求《そんがいばいしょうせいきゅう》をされることがあります。

契約書《けいやくしょ》の中には、「契約《けいやく》を途中《とちゅう》で解除した場合には理由にかかわらず損害賠償金《そんがいばいしょうきん》として100万円支払《しはら》う」などというようにあらかじめ損害賠償金《そんがいばいしょうきん》を決めているようなものもあります。

そのような損害賠償《そんがいばいしょう》の請求《せいきゅう》は有効なのでしょうか。

これまで私が扱《あつか》った案件では、契約《けいやく》を解除した後、本来であれば出演していたはずのライブの売上分の損害《そんがい》を払《はら》えと請求《せいきゅう》する事務所が非常に多かったです。例えば契約《けいやく》の期間が1年間残っている時に契約《けいやく》を解除した場合、その1年分のライブの売上を請求《せいきゅう》されることがあります。

この損害賠償《そんがいばいしょう》の請求《せいきゅう》が有効かどうかは、アイドルからの契約《けいやく》解除が有効かどうかに関わってきます。つまり、アイドルからの契約《けいやく》の解除が法律的に有効な解除であれば、その時点で契約《けいやく》は終了《しゅうりょう》していることになりますので、解除の後には、事務所の指示に従ってライブに出演するという義務はありません。そして、そのように、ライブに出演する義務がなくなった以上、アイドルに義務違反《ぎむいはん》はなくなりますので、当然、事務所は損害賠償《そんがいばいしょう》を請求《せいきゅう》できません。

よって、法律的に有効な契約《けいやく》の解除をした場合には、事務所からアイドルに対して契約違反《けいやくいはん》を理由に損害賠償請求《そんがいばいしょうせいきゅう》することはできないでしょう。

問題は、法律的に有効な契約《けいやく》の解除がなされていない場合には、契約違反《けいやくいはん》を理由に損害賠償請求《そんがいばいしょうせいきゅう》ができるかという点です。有効に解除していない場合には、アイドルの出演義務はなくなっていませんので、ライブに出演しなかったことで発生した損害《そんがい》を賠償《ばいしょう》しなければならないということになりそうです。しかし、損害賠償《そんがいばいしょう》として支払《しはら》わなくてはならない範囲《はんい》というのは、相当《そうとう》（ふさわしいということ）と認められる範囲《はんい》に制限されるべきであり、例えば1年分の売上げを全て支払《しはら》う、というのはあまりにも広範囲《こうはんい》であり、認められないと考えます。

では、「契約《けいやく》を途中《とちゅう》で解除した場合には損害賠償金《そんがいばいしょうきん》として100万円支払《しはら》う」というように、損害賠償金《そんがいばいしょうきん》の額をあらかじめ定める条項《じょうこう》があった場合はどうでしょうか。ここでもまた、アイドルが労働者《ろうどうしゃ》であるかどうかという点が問題になってきます（Q12・43ページ参照）。労働基準法《ろうどうきじゅんほう》という法律には、契約《けいやく》の中で、使用者《しようしゃ》と労働《ろうどう》者《しゃ》との間の損害賠償《そんがいばいしょう》の金額をあらかじめ定めてはいけないという条文があります。これは労働者《ろうどうしゃ》を保護するための条文です。もし、この法律に反して、契約《けいやく》の中で損《そん》害賠償《がいばいしょう》の金額を定める条項《じょうこう》があった場合には、その契約《けいやく》の条項《じょうこう》は無効になります。

仮に、そのアイドルが労働者《ろうどうしゃ》であると認められなかったとしても、そのように大きな金額の負担をアイドル側に負わせるような条項《じょうこう》は、やはり社会常識に反したものとして、無効になると考えるべきだと思います。

姫乃たまのコラム

アイドルからきれいに卒業する方法

アイドル活動に未練を残したまま活動をやめると、かなり高い確率で業界に復帰してくることになります。復帰する人たちの中には、様々な事務所を転々としながら、短期間で卒業を繰《く》り返《かえ》して、何度も同じように戻《もど》ってきてしまう人が珍《めずら》しくありません。

数回ならともかく、頻繁《ひんぱん》に事務所を移籍するのは、すぐに事務所との反《そ》りが合わなくなってしまうということでしょう。つまり常に悩《なや》みを抱《かか》えている状態なので、それは苦しいことだと思います。アイドルから卒業する時は、復帰するにしてもしないにしても、新しく次の人生に進めるようにきれいな卒業を目指せたらよいと思います。

卒業するにあたって思い出してほしいのが、自分がどうしてアイドルになったのかということです。漠然《ばくぜん》と「人気者になりたい」「影響力《えいきょうりょく》が欲しい」と思っていて、具体的な目標が見えていなかった人も意外と多いです。活動をやめたいと感じている時は、何もかもうまくいかなかったり、あるいは何がしたいのかわからなくなっていたり、闇《やみ》の中でもがいているような状態になっていると思います。そこで改めて冷静に自分が叶《かな》えたい最終目標を考えて、それを達成できるように活動を再設定することが卒業へのきれいな道です。

また、最初から思《おも》い描《えが》いていた目標がどうしても達成できそうにない場合、自分の中でどう

姫乃たまのコラム

折り合いをつけていくか考えるのも非常に重要な行程《こうてい》です。どれだけファンや関係者に支えられていても、最後に自分のことを決められるのは自分自身です。決して人のせいにしないように、失敗も成功も抱《だ》きしめて新しい人生に進みましょう。

第7章 地下アイドルと移籍のはなし

わたしの魅力、まだみんなに届いてないゾ〜〜
まだまだアイドルやりた〜いッ！
夢をあきらめきれないよ〜
エ!?
マジ!?
まだまだいくよ
あの娘懲りてないぞ…
やるぅ
よっしゃいくぞォオオ
夢乃さんですね？
エ？
こういう者です
スロープ
エンタテインメント

ウチの事務所でもう一度アイドルやりませんか？
キリ…
君ならもっと輝ける！
そんな大手さんに〜!?
え〜？いいんですか？
またまた
きたきたきたやるやる〜世界はわたしを放っとかないっ!!
こんなわたしで〜？
デビューお披露目
この大手のスピード感最高
SLOPE
ここ？…
んあ？
薔乃チカ電撃加入
スロープガールズ69
坂!!
ちょっと待てや…

わっくわく
社長!?
ガッ
ちゃんと契約書読まないとだめだよー
ソワー…ッ
ム…
君もなスロープ社の兄ちゃん
コロコロ…
契約終るから二年間は
を…
契約書
二年間の活動を禁じる。
芸能活動をしてはいけないわかる?
そんなあああ!!?
スロープ系曲はイイよな…
ボリ…ッ

つづく

事務所をやめた後に一定期間活動禁止にする事務所、多いですよね。

このルールは、かなりの事務所で採用しているみたいですね。やめる時に誓約書《せいやくしょ》を書かせるケースも多いみたいです。２年間の活動禁止《かつどうきんし》というのは、やはり大きいものですか？

そうですね、アイドルは活動できる期間が限られている仕事なので、２年間というのは非常に長い期間だと思います。この契約《けいやく》は有効なんですか？

２年間も他の事務所での芸能活動を禁止することは、アイドルの営業活動の自由を制約するものだと思いますので、そのような契約《けいやく》は無効になると思います。実際にそういう判断をした裁判例も出ています。

やっぱりやめる時ってトラブルが発生しやすいですよね。

活動禁止までいかなくとも、例えば、前の事務所で使っていた芸名を使うことを禁《きん》止《し》されるとか、ＳＮＳのアカウントを削除《さくじょ》させられるというケースもあるようです。

事務所が育てた名前だからという理由はわかりますが、芸名やＳＮＳはアイドル本人にとってもファンや世間から認識されている大事なツールなので、使用できなくなるのはまるっきり別人にされるのと同じです。

そのように、仕事をするうえで不可欠なツールを、使用できなくするというのは、アイドルの活動の自由を奪《うば》いますね。では、法的観点から、それらの問題を見ていきましょう。

Q33

事務所をやめるときに書くように言われた「誓約《せいやく》書《しょ》」には、どういうことが書いてあるの？

移籍の制限、芸名やSNSの使用のルール、お互《たが》いに名誉毀損《めいよきそん》を行わないようにするといった約束事《やくそくごと》や、それを破った場合、事務所側から損害賠償《そんがいばいしょう》の請求《せいきゅう》ができることが書いてあることが多い。

これまでに説明したとおり、アイドルと事務所との間では、活動をはじめるときに契約書《けいやくしょ》を結ぶことが一般的《いっぱんてき》です。それは活動中のアイドルと事務所との間における権利と義務の関係を定めたものになります。

そして、契約《けいやく》とは別に、アイドルが事務所との間の契約《けいやく》を合意解約《ごういかいやく》・解除し、活動をやめる場合に、事務所がいくつかの約束事《やくそくごと》を求めてくることがあります。そのときに、事務所がアイドルに対して、サインするように求めてくるのが「誓約書《せいやくしょ》」

です。

誓約書《せいやくしょ》には、アイドルが事務所との間の契約《けいやく》を解約・解除した後のことについての約束事《やくそくごと》が書いてあります。基本的には、アイドル側が守らなければならないルールばかりで、中には、アイドルに大変不利なルールも書かれています。ここでは、誓約書《せいやくしょ》によく書かれているルールを紹介《しょうかい》します。

まず最も多いのが、アイドルが事務所との間の契約《けいやく》を解約・解除した後に他の事務所に移籍したり、同じような芸能活動をすることを禁止《きんし》するルールです。これはほぼ間違《まちが》いなく記載《きさい》されているルールで、よく問題になるものなので、Q35で詳《くわ》しく説明します。

次に、アイドルが活動中に使っていた芸名やSNSのアカウントについてのルールが書いてある場合があります。多くのケースで、活動に使っていた芸名やSNSのアカウントについては、事務所をやめた後には使用することができないというルールになっています。これについても、Q37で詳《くわ》しく紹介《しょうかい》します。

また、アイドルが活動中に、その活動を通じて知った情報を他の人に明かしてはならないというルールが書かれていることもあります。これについても後のQ38で見ていきたいと思います。

他には、事務所をやめた後に、ＳＮＳ等でお互《たが》いの名誉《めいよ》を毀損《きそん》したり、信用を傷つけたりするような発言をすることや営業を妨害《ぼうがい》することを禁止《きんし》する条項《じょうこう》が入っていることがあります。しかし名誉《めいよ》を毀損《きそん》してはいけないということ、信用を傷つけてはいけないということ、営業を妨害《ぼうがい》してはいけないということは、誓約書《せいやくしょ》で定めるまでもなく、法律上禁止されている行為《こうい》です。ですので、誓約書《せいやくしょ》で特別に約束をしなくても禁止《きんし》されているものではありますが、事務所側はこのようなルールが書かれた誓約書《せいやくしょ》にサインするように求めてくることが多いです。

そして誓約書《せいやくしょ》の中には、これらのルールに違反《いはん》した場合には、事務所がアイドルに対して、損害賠償《そんがいばいしょう》金を請求《せいきゅう》できると書かれていることがあります。この損害賠償《そんがいばいしょう》のルールによって、賠償金《ばいしょうきん》を請求《せいきゅう》されたというケースが度々《たびたび》起こっています。

Q34

「誓約書《せいやくしょ》」を書くように言われたんだけど、書かないといけない？

事務所をやめる時に誓約書《せいやくしょ》へのサインを求められても、応じる義務はない。

誓約書《せいやくしょ》は、アイドルが事務所をやめた後に、お互《たが》いが守らなければならないルールを書いたものです。ほとんどのアイドルが、事務所をやめるに当たってこのような誓約書《せいやくしょ》を書くように要求されているようです。

この誓約書《せいやくしょ》について、事務所は「絶対に書かなければならない」とか「書かないと事務所をやめることはできない」などと言ってくることがあります。アイドルは、書かなければやめることができないのであればと考え、やむを得ず書いてしまう場合がほとんどです。

しかし、もともとあった契約《けいやく》を解約・解除するかどうかという点と、やめるにあたって新たに約束をしなければならないかというのは全く別の問題です。誓約書《せいやくしょ》を書くことはアイドル側が新たに義務を負うことになりますので、そのような義務を負うことになる誓約書《せいやくしょ》にサインをするかどうかは、アイドルの自由です。

したがって、そのような誓約書《せいやくしょ》にサインする必要はありませんので、不本意《ふほんい》であれば、サインを拒否《きょひ》しても全く問題はありません。

それでは次のQからは、具体的な内容について見ていきたいと思います。

Q35

契約書《けいやくしょ》や誓約書《せいやくしょ》に書いてある、移籍制限、活動制限って、どういうもの？

アイドルが事務所をやめた後、一定期間、他の事務所との契約《けいやく》も、芸能活動も行ってはならないというルールのこと。

アイドルが事務所との間の契約《けいやく》を解約・解除した後、他の事務所に移籍して新たなグループで心機一転《しんきいってん》がんばりたい！　と思うことも多いでしょう。しかしながら、多くの事務所で使用している契約書《けいやくしょ》には、他の事務所に移籍をしたり、前の事務所で行っていたようなアイドル活動、芸能活動を禁止《きんし》する条項《じょうこう》が入っていることがあります。また、アイドルが事務所との間の契約《けいやく》を解約・解除するに当たって作成する誓約書《せいやくしょ》にも、同じようなことが書いてあることがあります。

例えば「本契約終了《ほんけいやくしゅうりょう》後○年間、当事務所以外の事務所との間で、アイドルの活動をする契約《けいやく》を結ぶことはできないものとする」とか、「本契約終了《ほんけいやくしゅうりょう》後〇年間、アイドル活動または芸能活動等を行うことはできないものとする」というような書き方がされています。このような事務所移籍を制限するような条項《じょうこう》や、活動を制限するような条項《じょうこう》を「移籍制限条項《いせきせいげんじょうこう》」または「活動制限条項《かつどうせいげんじょうこう》」などといったりします。

期間については、事務所によって様々ですが、短くても半年、長いと2年間は移籍や活動をすることはできないとされていますが、多くの事務所で2年間という期間を設定しているようです。

このルールに従うと、アイドルは事務所をやめた後も、他の事務所との間でマネジメント契約《けいやく》を結《むす》んだり、アイドル活動、芸能活動を行うことができなくなってしまいます。事務所がこのようなルールを定めている理由は、移籍の自由を認めてしまうと、歌やダンスのレッスン、宣伝や広告などの事務所が負担したアイドル養成のための労力や費用が無駄《むだ》になってしまうからだといわれています。

この移籍制限条項《いせきせいげんじょうこう》や活動制限条項《かつどうせいげんじょうこう》は、ほぼ全ての事務所で契約書《けいやくしょ》または誓約書《せいやくしょ》に記載《きさい》されており多くの問題が生じています。

具体的な問題については、次のQ36で見ていきましょう。

Q36

事務所をやめた後2年間は活動禁止っていう条項《じょうこう》が契約書《けいやくしょ》にあったけど、他の事務所に移籍して活動していたら、前の事務所から、損害賠償請求《そんがいばいしょうせいきゅう》と、活動をやめるよう請求《せいきゅう》が来た！　応じなければいけない？

2年間、他の事務所への移籍や芸能活動を行えなくするなどで、アイドルが芸能活動をする権利を制約するような条項《じょうこう》は無効であることから、従う必要はない。

契約書《けいやくしょ》に移籍制限条項《いせきせいげんじょうこう》や活動制限条項《かつどうせいげんじょうこう》が入っていたとしても、アイドルは、事務所をやめた後、他の事務所に移籍したり、アイドルの活動を継続《けいぞく》することがほとんどです。そのため、アイドルからすると、移籍制限条項《いせきせいげんじょうこう》や活動制限条項《かつどうせいげんじょうこう》に違反《いはん》して活動していることになってしまいます。

多くの場合、アイドルが移籍制限条項《いせきせいげんじょうこう》や活動制限条項《かつどうせいげんじょうこう》に違反《いはん》して次の事務所と契約《けいやく》し、活動をしていたとしても、前の事務所がそれに対して文句を言ってくるということはありません。例えば、事務所をやめる時に、円満に話し合いでやめたような場合には、次の事務所に入って活動することも別に構わないという合意をしていることが多いと思います。また、円満ではなく事務所をやめたような場合であっても、あえてこれらの条項違反《じょうこういはん》について問題にはしない事務所が多いようです。

しかしながら、中には、移籍制限条項《いせきせいげんじょうこう》や活動制限条項《かつどうせいげんじょうこう》を理由に、活動を再開したアイドルに対して、請求《せいきゅう》をしてくる事務所もあります。その請求《せいきゅう》の内容は、まず、移籍制限条項《いせきせいげんじょうこう》や活動制限条項《かつどうせいげんじょうこう》があるので、今すぐに活動を中止するようにという請《せい》求《きゅう》です。また、契約書《けいやくしょ》や誓約書《せいやくしょ》に、「アイドルが移籍制限条項《いせきせいげんじょうこう》や活動制限条項《かつどうせいげんじょうこう》を破った場合には損害賠償請求《そんがいばいしょうせいきゅう》ができる」という条項《じょうこう》がある場合がありますので、それに従って、アイドルに対して損害賠償金《そんがいばいしょうきん》を払うようにと請求《せいきゅう》がくることがあります。

このような場合に、アイドルは、活動をやめて、損害賠償金《そんがいばいしょうきん》を支払《しはら》わなければならないのでしょうか？

誰《だれ》であっても、自由につきたい職業について、好きなように働くことができるということは、憲法でも認められた基本的人権です。アイドルであってもそれは変わりなく、芸能活動を自由に行うことは、基本的人権としても認められている重要な権利です。それにもかかわらず、2年間、他の事務所に所属できなくなったり活動できなくなったりすることは、これまで積み上げてきたアイドルとしての能力や人気をリセットしてしまうことになり、アイドルとしての活動を今後続けてことが非常に難しくなります。

したがって、2年もの間、事務所を移籍することを禁止《きんし》したり、芸能活動を禁止《きんし》したりするような条項《じょうこう》は、アイドルの重要な権利を制限するものであって無効であると考えるべきです。

裁判でも、2年間の移籍制限条項《いせきせいげんじょうこう》、活動制限条項《かつどうせいげんじょうこう》の定めが有効かどうかが争いになったものがありますが、裁判所は「芸能人の活動を2年間も行えなくすることは、芸能活動の道を閉ざすことになるから、契約《けいやく》として従う必要はない」という判断をしています。

さらに、公正取引委員会《こうせいとりひきいいんかい》という国の機関は、芸能人の移籍制限《いせきせいげん》、活動制限《かつどうせいげん》を契約《けいやく》書《しょ》や誓約書《せいやくしょ》で取り決めることは、独占禁止法《どくせんきんしほう》という法律に違反《いはん》することになるおそれがあると発表しています。

このように考えると、前の事務所がアイドルに対して活動をやめるように要求したり、損害賠償《そんがいばいしょう》を要求したりすることはできないことになります。

Q37

契約書《けいやくしょ》や誓約書《せいやくしょ》に、事務所をやめたら、今使っている芸名やＳＮＳは使えないという条項《じょうこう》があるんだけど、それには従わなければいけない？

・芸名は、アイドル個人が使用する権利があるもので、事務所をやめた後も使用できると考えられる。
・ＳＮＳはアイドルの活動に必要不可欠なものであって、事務所をやめた後のＳＮＳの使用禁止は、アイドルに非常に不利益で違法《いほう》である可能性がある。

Ｑ33で簡単に触《ふ》れましたが、契約書《けいやくしょ》や誓約書《せいやくしょ》には、アイドルが事務所をやめた後は、それまで使っていた芸名やＳＮＳのアカウントを継続《けいぞく》して使うことはできないと定められている場合があります。

このルールに従うと、これまである芸名で活動してきたアイドルが、全く別の芸名を名乗らなくてはならないということになります。ファンには、それまで名乗っていた芸名で応援《おうえん》してもらっていたので、また応援《おうえん》してもらうためには芸名を覚えなおしてもらうという手間がかかります。何よりも、アイドル自身がその芸名に愛着がある場合でも、別の芸名に変えなければならなくなってしまい、アイドルに対して酷《こく》なことになります。中には、本名で活動をしているアイドルもいますが、その本名さえも使用を禁止《きんし》されてしまうというケースもあるようです。

また、ＳＮＳについても、継続《けいぞく》して使用することが許されず、それまでのアカウントを削除《さくじょ》するように言われるケースもあります。アイドルにとってＳＮＳは、ファンとのコミュニケーションの場であったり、宣伝のためのツールであったりと、非常に重要な役割を果《は》たしています。事務所をやめるに当たって、そのようなＳＮＳの使用を禁止《きんし》され、場合によっては思い出の詰《つ》まったアカウントの削除《さくじょ》を命じられた場合、従わなければならないのでしょうか？

まず、芸名についてですが、事務所が、芸名を独占的《どくせんてき》に使う権利を登録しているような場合（商標登録《しょうひょうとうろく》）には、アイドルが事務所をやめた後にも事務所が芸名を使用する権利があるということになりそうです。しかし、本当に有名な芸能人でない限り、芸名を商標登録しておくなどということはほとんどありません。ですので、単純に、契約書《けいやくしょ》や誓約書《せいやくしょ》に書かれている、芸名の使用の禁止の条項《じょうこう》が有効なのかどうかという問題になります。そして、基本的には、アイドルの芸名というものは、アイドル個人とは切り離して考えることはできず、アイドル本人に使用する権利があると考えることが一般的です。

次に、ＳＮＳについて、これは、これまでにあまり裁判例は出ていませんが、アイドルがファンとのコミュニケーションや宣伝・広告のために使用し、多くのフォロワーがいるアカウントについては、もはやアイドルの一つの財産であると考えるべきです。そのようなＳＮＳのアカウントを、事務所の移籍により使用することができなくなったり、アカウントを削除《さくじょ》しなければならなくなるというのは、アイドルに対して大変不利益になると考えます。そうしたアイドル側にとって不利益な条《じょう》項《こう》は、独占禁止法《どくせんきんしほう》という法律に反するのではないかという意見もあります。このように見ていくと、ＳＮＳの使用を禁止《きんし》したりアカウントを削除《さくじょ》するような条項《じょうこう》は無効であると考えられます。

しかし、これらの芸名やＳＮＳの使用に関しては、まだまだ、法的な判断が固まっているとは言いにくいので、事務所をやめる時に必ず話し合って円満に解決することが大事だと思います。

Q38 契約書《けいやくしょ》や誓約書《せいやくしょ》にある「秘密保持条項《ひみつほじじょうこう》」って、どういうもの？

・秘密保持条項《ひみつほじじょうこう》とは、アイドルとして活動していた際に知ったことを第三者に開示してはならないという内容の条項《じょうこう》である。
・秘密保持条項《ひみつほじじょうこう》にサインする場合は、秘密にしなければならない情報をできるだけ具体的に定めてもらうことが大事。

契約書《けいやくしょ》や誓約書《せいやくしょ》には、アイドルが事務所をやめた後に、アイドルがその事務所での活動を通じて知った秘密を、他の人に話してはならないという条項《じょうこう》が書かれていることが多いです。そのような条項《じょうこう》を「秘密保持条項《ひみつほじじょうこう》」などといいます。

秘密保持条項《ひみつほじじょうこう》で、第三者に話してはならないとされる秘密は、例えば、「事務所の顧客情報《こきゃくじょうほう》」などと書かれています。これは、事務所が知っている顧客情報《こきゃくじょうほう》は営業する上での重要な情報であり、他人に明らかになってしまうと、事務所の利益が侵《しん》害《がい》されてしまうので、それを防ぐという目的から設定されたものです。

この条項《じょうこう》をアイドルが破った場合には、事務所はアイドルに対して損害賠償金《そんがいばいしょうきん》を請求《せいきゅう》することができると定められていることも多いです。

しかしながら、公開されてしまうと事務所にとって損害になるような情報を、アイドルが知っているのかという点は、正直言って疑問です。また、運営会社やイベントの主催者などという顧客情報《こきゃくじょうほう》などは、移籍先の事務所なども当然把握《はあく》しているものだと思いますので、あえて秘密保持契約《ひみつほじけいやく》をして、アイドルに守らせる必要性があるのかという点も疑問です。

事務所側の本当の目的は、グループの内部のプライバシーに関わる情報や、アイドルと事務所との間の契約《けいやく》関係、やめるに至《いた》った経緯《けいい》など、そういった情報を秘密にすることにあると考えられます。そのような情報を漏《も》らしたからといって、直《ただ》ちにアイドルに法的な責任が発生するわけではありません。これらの情報を漏《も》らしたとしても、事務所には損害が発生しない場合が多いからです。

アイドルとしても、秘密保持条項《ひみつほじじょうこう》については、移籍制限条項《いせきせいげんじょうこう》や芸名の使用禁止などの条項《じょうこう》よりは自分への影響《えいきょう》が少ないと考えて、サインをすることが多いようです。また、この条項《じょうこう》に違反《いはん》したということで損害賠償《そんがいばいしょう》の請求《せいきゅう》をされ、裁判にかけられたというアイドルもあまり聞いたことはありません。

仮にそのような請求《せいきゅう》を事務所がしてきたとしても、アイドルが秘密を漏《も》らしたこと、それによって事務所に損害が発生したことを事務所側が証明しなければなりません。

もし、アイドルが秘密保持条項《ひみつほじじょうこう》にサインする場合には、第三者に話してはならない秘密の内容をなるべく具体的に定めてもらうようにすることが大事です。

姫乃たまのコラム

つかいまわしの契約書《けいやくしょ》には要注意！

アイドルは結局のところ人に愛されるのが仕事なので、歌や踊《おど》りの技術を高めるのも大事ですが、それを応援《おうえん》してくれるファンを増やすのも重要です。

ライブ活動やＳＮＳの更新《こうしん》を日々積み重ねて名前を知ってもらうのは地道な作業で、ある程度軌道《きどう》に乗るまでは精神的にも労力がかかります。その名前やＳＮＳのアカウントを使用禁止にされるのは、これまで積み上げてきたものをゼロに戻《もど》されるのと同じことです。

あまりにひどいと思われるかもしれませんが、ようやく売れるようになったアイドルが気まぐれに移籍したら、事務所はゼロどころかいままでかけたお金も労力も無駄《むだ》になってしまいます。それで気軽には移籍できないように、そうした契約書《けいやくしょ》の条項《じょうこう》が存在しているのです。

しかし、私自身も契約書《けいやくしょ》を確認していて、「どうしてこんな内容が？」と思うような条項《じょうこう》が書かれていることがあります。たいていは契約書《けいやくしょ》を渡《わた》してきた相手も認識していなくて、会社がずっと使っている契約書《けいやくしょ》の名前の部分だけを書き換《か》えて使っているのです。現実には契約書《けいやくしょ》をやりとりする相手が、必ずしも法律と契約書《けいやくしょ》の内容に詳《くわ》しいとは限りません。

しかし契約《けいやく》は契約《けいやく》なので、現状では自分と関係なさそうな条項《じょうこう》でも、うやむやにしないで話し合っておきましょう。名前の使用や活動の制限などの重要な項目《こうもく》についてはなおさらです。

第8章
地下アイドルとハラスメントのはなし
チカがメジャー行っちゃってスロープガールズは快調
曲いいな スロープ系
パッとしないのはわっくわく隊
チカ抜けてから…
あっ…
あのっ!!
んぁ？
何？
わたし何でもします!!
がんばりましょうわっくわく隊

小箱から攻めるか…
地方遠征行くぞー
稼いでこいよ～～
よっしゃいこ～～!
わっくわくツアースタート
おつかれさまでした!
ビジネス
HOTEL
がんばるぞ～～!!
おー
プルルル…
ハイ?
こんな時間に…?

あのー
打ち合せって…
あーお疲れ
遠征ってダルイよな〜〜〜
マッサージしてよ
いや…それはちょっと
ハダカ？
パンイチ？
ハァ？
…何でもするって言っただろ

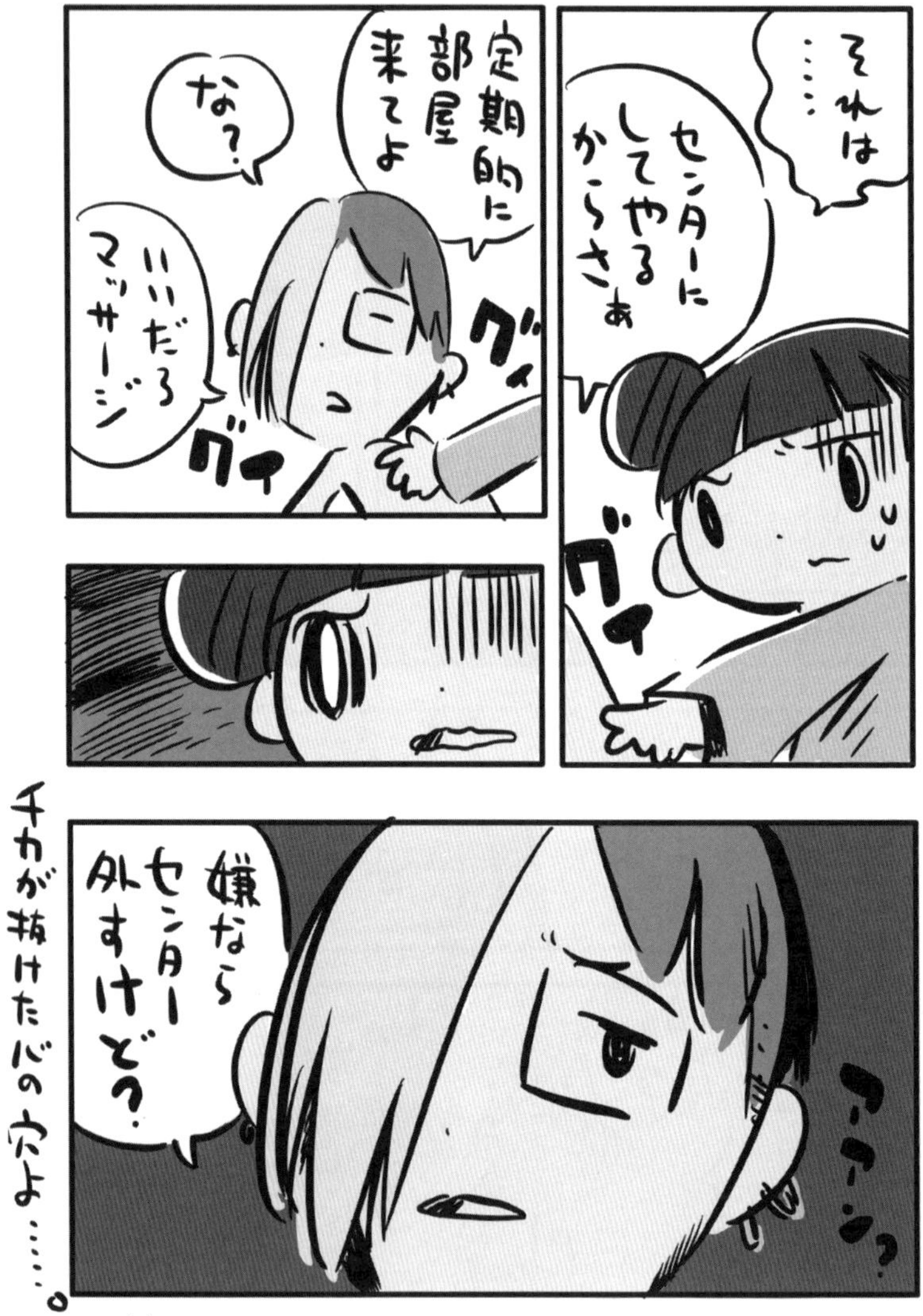
それは……
センターにしてやるからさぁ
グイ
定期的に部屋来てよ
なっ?
いいだろマッサージ
グイグイ
嫌ならセンター外すけど?
アーアーン?
チカが抜けたバの穴よ……。

つづく

これはひどいセクハラの事案ですね。こういった事案は、よくあるんですか？

程度に差はありますが、アイドルがセクハラをされたと感じるできごとは結構起きているようです。

会社で起きるハラスメントとしては、セクハラの他に、パワハラやモラハラなどといったものもありますが、そのような例はありますか？

怒鳴《どな》ったり殴《なぐ》ったりするような積極的なハラスメントよりも、面倒《めんどう》を全然見てくれない事務所の怠惰《たいだ》な態度に困《こま》ってるアイドルをよく見かけます。

マネージャーがきちんと仕事をしないということですね。

人気がないとほったらかしにされるのは割と当たり前のようになっていますが、そのように仕事をしてもらえないこともパワハラになるんでしょうか？

一般的《いっぱんてき》には、仕事を与えない、とか、きちんと指導をしない、ということもパワハラになると言われていますね。

なんだかアイドルのハラスメント被害《ひがい》って暗黙《あんもく》のルールみたいにされて、見過ごされていることが多いかもしれないですね。

やはり、活動しているのが若い女性であることが多いのに対して、プロデューサーやマネージャーは年上の男性であることから、アイドルをすごく下に見ていることが挙げられると思います。あとは、アイドル自身が、夢を叶《かな》えるためには事務所と揉《も》めたりしてはいけない、と考えていることが多く、そこにつけこむ大人が多いのだと思います。

ただでさえリスクの高い仕事なので、身近な事務所の人にはアイドルを守ってあげてほしいですね。

そうですね。もちろんきちんとアイドルを守っている事務所もあるとは思いますが。
さて、それではこのような場合の法的解決策《ほうてきかいけつさく》をQ＆Aで見ていきましょう。

Q39

アイドルを取り巻くハラスメントには、どういうものがあるの？

アイドルが被害《ひがい》を受けるハラスメントとしては、セクハラ、パワハラ、モラハラが多い。

ハラスメントとは、「嫌《いや》がらせ」を意味する英語です。30年ほど前に、セクシャル・ハラスメントという言葉が流行語になり、日本でもハラスメントという言葉が広まりました。

その後、社会における様々な嫌《いや》がらせの実態《じったい》が明らかになり、セクシャル・ハラスメント以外にも、ハラスメントという名のつく嫌《いや》がらせ行為《こうい》が法的問題として取り上げられています。

ハラスメントの特徴《とくちょう》としては、職場や学校などといった、他者と継続的《けいぞくてき》な人間関係ができる場所で起こりやすいとされています。ほとんどのアイドルは、事務所に所属して活動していますので、事務所の社長やマネージャーとは継続的《けいぞくてき》な人間関係になります。また、一定のファンが継続的《けいぞくてき》に応援《おうえん》に来てくれますので、そこでも継《けい》続的《ぞくてき》な人間関係がつくられます。

アイドルが事務所の社長やマネージャー、ファンの方から受けるハラスメントは、多くは、セクシャル・ハラスメント、パワー・ハラスメント、モラル・ハラスメントなどです。

セクシャル・ハラスメントとは、「他人を不快にさせる性的な言動」と言われています。例えば、容姿《ようし》について指摘《してき》する、性的な内容の発言をしたりメールを送る、体を触《さわ》る、逆にアイドルに肩《かた》を揉《も》ませるなど自分に触《さわ》るように言う、などという行《こう》為《い》があります。ひどいものになると、性的な関係を要求されるような場合もあります。アイドルが被害《ひがい》を受けた事例としては、プロデューサーから、旅行中に同じ部屋に泊《と》まるように強要された、というものや、マッサージをするように要求されたというものがあります。

パワー・ハラスメントとは、職場において上司などの有利な立場を利用して、相手の人格を傷つけるような行為《こうい》をすることを言います。例えば、暴言《ぼうげん》や名誉毀損《めいよきそん》をすること、無視をしたり職場から孤立《こりつ》させたりすること、到底《とうてい》できないような重い仕事をさせること、逆に仕事を与えないこと、プライバシーに必要以上に入り込んでくること、などがパワー・ハラスメントに当たると言われています。アイドルが被害《ひがい》を受けた事例としては、ＬＩＮＥで暴言《ぼうげん》を言われる、事務所をやめようとしたら損害賠償《そんがいばいしょう》を請求《せいきゅう》すると脅迫《きょうはく》される、一人だけ曲の中で出番を与《あた》えられなくなるなどがあります。

そしてモラル・ハラスメントとは、言葉や態度で他人を繰《く》り返《かえ》し攻撃し、その人の尊厳《そんげん》を傷つける精神的暴力だといわれています。例えば、無視をする、話しかけると不機嫌《ふきげん》な態度をとる、発言をすべて否定する、能力や人格を否定するような発言をする、他人に対して悪い評判を広めるなどがあります。このモラル・ハラスメントは家庭でよく生じると言われており、しばしば離婚《りこん》の理由として主張されることがあります。アイドルが被害《ひがい》を受けた事例としては、マネージャーから、度々暴《たびたびぼう》言《げん》や人格否定・能力否定をするような言葉をかけられ続けて、やむなくアイドルをやめてしまったという例もあります。

アイドルは若い女性であることが一般的《いっぱんてき》ですので、特にセクシャル・ハラスメントの被害《ひがい》に遭《あ》うことが多いです。また、社長やプロデューサー、マネージャーなどが、アイドルを下に見ていることが多く、パワー・ハラスメントが多い傾向《けいこう》にあると思います。アイドルの方も、夢を叶《かな》えるために、ひどい仕打《しう》ちを我慢《がまん》していることがほとんどです。

他にも、ファンからのハラスメント行為《こうい》などもありますが、それは第９章で説明します。

Q40

事務所の人からハラスメントを受けたときには、まず、何をすべき？

・ハラスメントの被害《ひがい》を受けたら、まずは、信頼《しんらい》できるスタッフに相談する。
・ハラスメントの被害《ひがい》を訴える時は、録音やＬＩＮＥ・メールの文面などの証拠《しょうこ》をそろえておく。
・内部の人に相談してもきちんと対処をしてくれない場合には、弁護士などにも相談をする。

ハラスメントは、Ｑ39で述《の》べたとおり、継続的《けいぞくてき》な人間関係でよく起こります。そのため、ハラスメントは１回行われると、その後、継続的《けいぞくてき》に行われることが非常に多いです。

ハラスメントはこのような特徴《とくちょう》を持っているため、被害《ひがい》を受けた場合にはまず最初に、ハラスメントをやめさせる措置《そち》を取るべきです。事務所の社員やマネージャーからハラスメントを受けた場合には、そのさらに上司がいればその人に、いなければ社長に報告しましょう。

その時、ハラスメントの被害《ひがい》を受けていることの証拠《しょうこ》があれば、それを見せるべきです。証拠《しょうこ》がないと動いてくれないことも多いため、可能な限り証拠《しょうこ》を用意しておくようにしましょう。証拠《しょうこ》としては暴言《ぼうげん》やハラスメントをされている時の録音、メール・ＬＩＮＥの文面などが考えられます。パワハラは性質上、２人きりの時に行われることが多いため、証拠《しょうこ》が残りにくい傾向《けいこう》にあります。ですので自分から積極的に証拠《しょうこ》を残しておきましょう。録音については、勝手にやってはいけないと思っている方も多いですが、勝手にやっても全く違法《いほう》ではないので、必ず録音をするようにしましょう。

ハラスメントをしてくる相手が、会社の社長である場合には、それよりも上の立場の人はいませんので、相談する相手はマネージャーや他の社員になってしまいます。それらの人からすれば社長は上の立場に当たるので、すぐに動いてくれず、場合によっては、もみ消してくることもあります。これは社長に相談した場合も同様で、あまり会社内でおおごとにしたくないという考えから、きちんと対処をしてくれない場合が多いと思います。また、アイドルの事務所の中には、社長が１人で運営していて、他に社員がいないような事務所もあります。

そのような場合には、外部の機関に相談することが必要になってきます。一番適切なのはやはり弁護士です。各地の弁護士会や、法テラス、市役所等での相談を利用したり、またはインターネットなどを使ってハラスメントの問題に詳《くわ》しい弁護士を探して相談するようにしましょう。

Q41

事務所の人からハラスメントを受けた場合には、誰《だれ》に、どういう請求《せいきゅう》ができる？

・ハラスメントの被害《ひがい》に遭《あ》ったときは、慰謝料《いしゃりょう》、治療費《ちりょうひ》、もらえるはずであった給料などの損害賠償請求《そんがいばいしょうせいきゅう》を行うことができる。

・損害賠償《そんがいばいしょう》は、ハラスメントをした本人と、それが事務所のスタッフであれば事務所に対しても請求《せいきゅう》することができる。

ハラスメントのせいで、精神的苦痛を受けたり、場合によってはうつ病や適応障《てきおうしょう》害《がい》などの病気になってしまった場合に、被害者《ひがいしゃ》であるアイドルは、損害賠償《そんがいばいしょう》の請求《せいきゅう》をすることができます。損害賠償《そんがいばいしょう》の内容としては、まず、精神的苦痛を受けたことの慰謝料《いしゃりょう》です。この慰謝料《いしゃりょう》は、受けたハラスメントの程度や内容、受けていた期間などによって変化します。また病気を発症《はっしょう》したのかどうか、病院に行かなければならなくなったのかどうかという点も影響《えいきょう》を受けます。

次に、もしそのハラスメント行為《こうい》によって病気になり、仕事を休まなければならなくなったり、場合によっては仕事をやめなければならなくなる場合もあると思います。その場合には、治療費《ちりょうひ》や、ハラスメントによって仕事を休んだりやめたりしなければ本来もらえるべきであった給料などを請求《せいきゅう》することができます。

請求《せいきゅう》する相手は、そのハラスメントをした個人がまず考えられます。マネージャー、他の社員、社長がハラスメントをした人であればまずその人個人を相手に請求することができます。

さらに、それらの人がハラスメントをした場合には、その人を雇《やと》っている会社も責任を負うというのが法律によって決められていますので、事務所に対しても請求《せいきゅう》をすることができます。損害賠償《そんがいばいしょう》の金額が大きくなった場合には個人には払《はら》えない場合もありますので、事務所に対して請求《せいきゅう》をすることは重要なことだと思います。

ここまで来ると、かなり専門的な知識が必要になってきますので、弁護士に相談して、弁護士から請求《せいきゅう》をしてもらうようにする方がよいでしょう。

姫乃たまのコラム

人間関係は思い切って断捨離《だんしゃり》

セクシャル・ハラスメントにしても、パワー・ハラスメントにしても、怖《こわ》いのは被害《ひがい》を受けているうちに、だんだんと自分に自信がなくなっていくところです。心が弱ると「自分がダメな人間だからこんな目に遭《あ》うんだ」「我慢《がまん》して頑張《がんば》らないといけないのかな」と間違《まちが》った思い込《こ》みが強くなって、明らかにおかしな状況《じょうきょう》になってもまだ耐《た》えようとしてしまいます。

抗《あらが》えないような関係性の人から嫌《いや》がらせを受けるのはとてもつらいことです。つらいと感じられる健康な心を持っているうちに、精神的にも肉体的にも負担をかけてくる人は切り離《はな》してしまいましょう。でも、そんなに簡単じゃないから悩《なや》んじゃいますよね……。

アイドルはたくさんの人と関わる仕事なので、ハラスメントまではいかなくても、どうにも相性の悪い人と出会ってしまうこともあります。なるべく健康な時に、関係性を断ち切るか、距離《きょり》を置くようにしておきましょう。なかなかきっかけが掴《つか》めないかもしれませんが、決定的なトラブルに発展してからでは大変なので、距離《きょり》を置くきっかけを自分の中で決めておくのがオススメです。

私の場合は、「この人がいなくなったら仕事がなくなるかも」と不安に思ったり、「この人、こういうところがなければいい人なのになあ」と自分の中で相手をフォローするようになった

姫乃たまのコラム

りしたら、黙《だま》って距離《きょり》を置くようにしています。

まだ耐《た》える余地がないわけではありませんが、意外とこうした人間関係は精神的に大きな負担になっているので、ほかの仕事や生活の効率と質を下げてきます。人間関係を切り離《はな》す精神的労力はかかりますが、結果的に余裕《よゆう》が生まれて生産性も上がり、新しい素敵な出会いを楽しめる状態に戻れるのです。

スロープガールズです！
第9章
地下アイドルとファンとのトラブルのはなし
ワァァァ
みんないっくよ〜〜!!
ん？関係者？
人気は出てきたが
ジロ…
しかしあと一歩歯車が…
ゴン
あ…ゴメ〜ン
じ〜〜…ん
だっ…大丈夫

何やってんだヘタクソ〜
は!?
はあああ!?
え!?
ぼーっとしやがって
誰?
緊張感ないんだよ!
チカの足引っ張んなよ〜
ヒィイイ
プロ意識持てよ!
やめちまえ素人っ!

無理〜〜病みたくなぁ〜〜〜い……
もう辞めるぅぅぅぅ〜〜
運営よりお伝えします
事情により本日の公演は中止とさせていただきます
エー!?
誰だよ
ちぇ〜〜っ!
申し訳ございません
コロ…
運営しっかりしてるネ!
お客さま
迷惑行為により今後の公演については出禁とします
ゾロゾロ
Live

ヤダーッ
チカの良さわかってんのオレだぜ!?
ジャマなメンバーなんか外した方がいいってば!!
困ったな…
?
推しなんだよ〜
あ!
元・わくわくマネ!!
チカ〜…
コロコロ…
うぐぅ
チカロスはツライよね？

つづく

いやー、元マネジャーがやっかいなファンになるとは驚きですね。実際に過去に報道された事例でも、ファンから、握手会《あくしゅかい》で襲《おそ》われた、ライブ会場に入るところを襲《おそ》われた、自宅周辺で襲《おそ》われた、ツイッター上で脅迫《きょうはく》された、などといった例がありますね。姫乃さんの周りでもアイドルとファンの間のトラブルは多いのでしょうか。

ものすごく多い、というわけではありませんが、まさにこの事例のように、ライブ中に客席から暴言《ぼうげん》やセクハラ発言などのヤジを飛ばされたり、禁止《きんし》されている激しい動きの応援《おうえん》をやめなかったり。そこからファン同士がケンカになるという現場に遭遇《そうぐう》したことはあります。

そういった問題行為《もんだいこうい》は非常に迷惑《めいわく》ですね。ライブ終了後《しゅうりょうご》のトラブルは何かありますか？

終演後の物販《ぶっぱん》ではアイドルとファンが会話できる機会があるのですが、そういう時にアイドルを説教したり、体を触《さわ》ったりする人もいます。

ストーカー的行為《こうい》を受けたりなど、身の危険を感じたりなどはありますか？

ライブハウスからの帰りに後をつけられて、家を突《つ》き止《と》められてしまったアイドルもいるようです。

アイドル自身が自分の身を自分で守るのは、非常に難しいので、すぐに事務所や警察など、しかるべき機関に相談しなければいけませんね。事務所には、アイドルを守る義務がありますので、適切に対処しなければならないと思います。

こういった行為《こうい》をするファンに対して、イベントの主催者や運営の方から、出入り禁止《きんし》を言い渡《わた》しても問題はないのですか？

イベントの主催者《しゅさいしゃ》には、誰《だれ》とどんな契約《けいやく》をするかについて、自由に決める権利がありますので、出禁《できん》にする権利もありますね。

出禁《できん》に踏《ふ》み切れなくて悩《なや》んでいる運営や事務所も多いので、具体的な手順を教えてほしいです。

では、具体的に、どのような方法があるか、見ていきましょう。

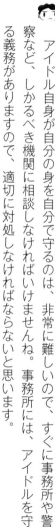

Q42

ファンからの迷惑行為《めいわくこうい》には、どういうものがある？

ファンからの迷惑行為《めいわくこうい》としては、プライベートの場面、ライブ中、ライブ後の物販《ぶっぱん》など、様々な場面で発生する可能性がある。

近年、簡単にライブなどで会いに行けたり、握手会《あくしゅかい》や物販《ぶっぱん》などで、会話をすることもできるようになるなど、アイドルとファンの距離《きょり》は近くなったと言われています。しかしながらそのように身近になったことによって起こる様々なトラブルも増えています。

報道された例では、握手会《あくしゅかい》中に刃物《はもの》で切りつけられる、ライブ会場に入るところを襲《おそ》われる、自宅周辺で襲《おそ》われる、ツイッターやインスタグラムといったＳＮＳで脅迫《きょうはく》を受ける、ストーカー被害《ひがい》に遭《あ》うなどといった例があります。

アイドルは、頻繁《ひんぱん》にライブを行っていますので、ファンと接触《せっしょく》する機会も多く、ファンからの迷惑行為《めいわくこうい》に悩《なや》まされることもあるようです。事件化していない例も多数存在するようです。

例えば、ライブ中には、ヤジを飛ばしたり、セクハラ的な発言をしたりするファンもいるようです。また、直接アイドルに対して迷惑行為《めいわくこうい》を行うだけではなく、他のファンに絡《から》み、喧嘩《けんか》になることもあり、ライブを台無しにしたりすることもあります。

ライブ後には、物販《ぶっぱん》があったり、チェキの撮影《さつえい》の機会があったりするので、さらにファンとの距離《きょり》は近くなります。物販《ぶっぱん》の時にアイドルに暴言《ぼうげん》を言ったり、長々と説教を始めるファンもいるようです。チェキの撮影《さつえい》の時に必要以上に体を触《さわ》ったりするなどのセクハラ行為《こうい》をするファンもいます。

アイドルとファンの距離《きょり》が近くなることは、ファンとしてもアイドルとしても、嬉《うれ》しいことではありますが、一方でトラブルも増えていってしまいます。

これらの迷惑行為《めいわくこうい》にどのように対処するか、以降のQで見ていきましょう。

Q43

迷惑行為《めいわくこうい》を繰り返すファンを「出禁《できん》」にすること、法的には問題ない？

・事務所がファンを出禁《できん》にすることは、法律上問題はない。
・出禁《できん》にする場合は、なるべく、事前に注意・指導を行い、迷惑行為《めいわくこうい》や注意・指導をした証拠《しょうこ》も残しておく。

ライブ中にヤジを繰《く》り返《かえ》し飛ばしたり、他のファンとトラブルになったりするファンに対して、イベントの主催者や事務所などが、ライブやその他のイベントに参加することを禁止《きんし》する措置《そち》をとることがあります。いわゆる「出禁《できん》」です。

このように、単に迷惑行為《めいわくこうい》をしたということを理由に、その後のあらゆるイベントについてまで参加を拒否《きょひ》する権限が、イベントの主催者や事務所にあるのでしょうか。

イベントの主催者がライブを開いて、お客さんにライブを見てもらうことも「契《けい》約《やく》」です。お客さんはチケット代を払《はら》う義務を果《は》たして、ライブを見る権利を得ます。逆にイベントの主催者は、ライブを見せる義務を果《は》たして、チケット代をもらう権利を得ます。このように、お客さんとイベントの主催者との間でライブを見る、チケット代を払《はら》うことに関して、それぞれの権利と義務を果《は》たすことになるので「契約《けいやく》」といえます。

そして、「契約《けいやく》」を結ぶに当たって、誰《だれ》とどのような契約《けいやく》を結ぶかについては、その人の自由であるという重要な原則があります。これを「契約自由の原則《けいやくじゆうのげんそく》」といいます。例えば土地を売りたい、と考えた時に、誰《だれ》にその土地を売るのか、いくらでその土地を売るのか、という点については、売りたい人の自由であるということです。一番高く買ってくれる人に売らなければならないとか、○万円以上で売ってはならないとか、そのような決まりはありません。

それと同じように、イベントの主催者が誰《だれ》と〝ライブを見せる契約《けいやく》〟を結ぶかについては全くの自由です。ですので、様々な理由から、ライブを見せたくない人がいた場合に、その人と〝ライブを見せる契約《けいやく》〟を結ぶ必要はありません。よって、その相手がライブ会場に現れたときには、その人物にチケットを売らない、つまり、出禁《できん》にするという措置《そち》も許されます。

仮に、誤《あやま》ってチケットを売ってしまったとしても、イベントの主催者には、ライブハウスの施設《しせつ》を管理する権限があると考えられます。その施設《しせつ》管理の権限に基《もと》づき、ライブの平穏《へいおん》を害する人物の入場を制限することはできると考えられています。なお、そのチケットの払い戻しを出禁《できん》になった相手が求めてきたら、イベントの主催者は、払い戻しに応じる必要があります。

出禁《できん》にする場合の注意点ですが、いきなり出禁《できん》にすると、逆恨《さかうら》みを買うなどして後々《あとあと》トラブルになることもありますので、まずは、事務所から注意・指導を行い、それでも改善が見込《みこ》まれない場合には、出禁《できん》の措置《そち》をすることがよいと思います。その場合、そのファンが迷惑行為《めいわくこうい》を繰《く》り返《かえ》していたことの証拠《しょうこ》や、きちんと注意・指導をしていたことの証拠《しょうこ》（録音《ろくおん》など）を確保しておくことが重要です。

Q44

ファンがアイドルへ加害行為《かがいこうい》を行うことは、どのように防ぐべき？

アイドルが自分で身を守るのは限界があるので、事務所側がきちんと対応をするべきである。

ファンからのアイドルへの加害行為《かがいこうい》については、３つの場面が想定されます。①ライブ中、②物販《ぶっぱん》や握手会《あくしゅかい》などのイベント中、③プライベートな空間です。どの場面においても大事なことは、アイドルが自分で防衛するのは難しい場合が多いので、基本的には事務所がアイドルを守らなければならないということです。アイドルと事務所との間はマネジメント契約《けいやく》が締結《ていけつ》されていますが、そのような契約《けいやく》を結んでいる以上、事務所側には、アイドルの安全を守る義務があると考えるべきです。

まず、①のライブ中に関しては、ヤジや暴言《ぼうげん》などを事前に防ぐというのはなかなか難しいと思います。ですので、そういう行為《こうい》がエスカレートする前に、問題行為《もんだいこうい》をするファンを突《つ》き止めて、なるべく早めに注意・警告をして悪化する前に対処することが大事だと思います。あまりにもひどいようであればQ43で紹介《しょうかい》したように、出禁《できん》の措置《そち》をとることも考えましょう。

次に、②の物販《ぶっぱん》や握手会《あくしゅかい》などのイベント中です。イベント中には、暴言《ぼうげん》を言われたりセクハラをされたりするケースが多いようです。その時はやはり目の届くところ、会話の聞こえる範囲《はんい》内にスタッフを配置しておくことが重要だと思います。このような措置《そち》をしていなかったために、握手会《あくしゅかい》中の暴言《ぼうげん》やセクハラがあったという例もあります。そのような被害《ひがい》を受けているアイドルがいたら、すぐにスタッフが介入《かいにゅう》して解決を図るべきだと思います。

最後に③のプライベートな空間ですが、これを常に事務所が守ることはなかなか難しいと思います。しかしながら、ライブの行き帰りであったり、アイドルの動向が予想される場面においては十分な注意を払《はら》う必要があります。アイドルのライブ会場への入場の時、ライブ終了《しゅうりょう》後、帰宅するまでの間は事務所の方でも十分に気をつけ、送迎《そうげい》の車両を出すなど配慮《はいりょ》が望まれます。

しかし、大手の事務所に所属する有名なアイドルグループならまだしも、小規模《しょうきぼ》なライブを繰《く》り返《かえ》しているような事務所が、グループの全てのメンバーを自宅まで送迎《そうげい》するというのは現実的ではないかもしれません。プライベートな空間での被害《ひがい》は、突如《とつじょ》として生じるものではなく、迷惑行為《めいわくこうい》がだんだんエスカレートしていって、最終的に暴行《ぼうこう》などの犯行に至るケースがほとんどです。そのような場合、アイドルは事務所にそういった迷惑行為《めいわくこうい》を受けていることをすぐに報告して、事務所はそれに対して迅速《じんそく》に対応を行う必要があると思います。また、アイドルのSNSなどに頻繁《ひんぱん》に迷惑行為《めいわくこうい》をするような人物がいる場合には、事務所としては、場合によっては警察に行くなどの対応を迅速《じんそく》に行うべきです。また、普段《ふだん》からアイドルに対して、SNSで住居を特定されるような書込みを行わないことや、ファンとの距離《きょり》の取り方について、きちんと教育を行っておくことが重要です。

いずれにしても、アイドル本人が自分を守ることには限界がありますので、事務所側が適切に対処することが重要です。

Q45

アイドルがファンから迷惑行為《めいわくこうい》を受けた場合、どう対応すべき？

・被害《ひがい》に遭《あ》った場合、アイドルは、すぐに事務所に報告して、適切な対処を依頼《いらい》する。
・事務所は、アイドルからの依頼《いらい》に適切に、毅然《きぜん》とした対応を行う。
・損害賠償請求《そんがいばいしょうせいきゅう》の必要が生じた場合や、刑事事件《けいじじけん》に発展した場合には、速やかに弁護士に相談する。

アイドルが、ファンから迷惑行為《めいわくこうい》を受けた場合にはアイドル本人が行うべき対応と、事務所が行うべき対応があります。

まず、アイドルは、被害《ひがい》を受けたことをすぐに事務所に報告して対応を依頼《いらい》しましょう。事務所には、起こった事件の詳細を説明し、証拠《しょうこ》などがある場合にはそれも提供します。もちろんデータや書面などは、コピーを取って渡《わた》して、原本は手元に残しておいてください。事務所に対して依頼《いらい》することは、事実関係の調査や、事件が起こった原因の究明、再発防止策《さいはつぼうしさく》の徹底《てってい》、ファンなど外部への公表の方法とタイミングの検討、活動を休止する必要がある場合の対応、場合によっては弁護士の紹介《しょうかい》を受けるなどといったことが考えられます。その上で、損害賠償請求《そんがいばいしょうせいきゅう》などの法《ほう》的請求《てきせいきゅう》が必要になる場合や、刑事事件《けいじじけん》の被害者《ひがいしゃ》になった場合には、早い段階で弁護士に依頼《いらい》し、適切な対処をする必要があります。

一方で事務所がするべき対応ですが、基本的には右記のとおりアイドルが頼《たの》んだことに対して適切に対応することです。特に、グループアイドルの場合などは、メンバーが被害《ひがい》にあったことで、他のメンバーも大変な恐怖《きょうふ》を感じていると思います。そのため、事案の正確な理解と、原因の究明、再発防止策《さいはつぼうしさく》の徹底《てってい》が一番望まれます。事務所の中には、アイドルはイメージが大事であることを理由として、あまり公《おおやけ》にせず、十分な調査や対策を行わない事務所もあります。

しかしながら、アイドルと事務所は契約《けいやく》を結んでいる以上、アイドルが安全に活動できる環境《かんきょう》を整え、問題が生じたときにはその解決をすることは、事務所にとっての法的な義務であると考えます。したがって、外部の人間からアイドルが被害《ひがい》を受けた場合には、事務所は、毅然《きぜん》とした対応を取ることが望まれます。

姫乃たまのコラム

ファンは敵？　味方？

精神的に負担を感じる人間関係からはひっそり距離《きょり》を置いたほうがよいですが、その相手がファンである場合はアイドルのほうから黙って距離《きょり》を置くわけにもいきません。また、精神的に負担をかけてくるファンは最初から悪意を抱《いだ》いているわけではなく、好意をこじらせて徐々《じょじょ》に厄介《やっかい》な存在になっていくので、本格的なトラブルに発展するまで注意しづらいのも難しいところです。

実はファンとのトラブルを防止してくれるのが、ファンの人たちだったりします。セキュリティに予算をかけられるメジャーアイドル以外は、ファン同士が声を掛《か》け合ったり、仲良くなったりすることで、未然にトラブルを防いでいるのです。トラブルを起こすファンの特徴《とくちょう》として、コミュニケーションの苦手な人が挙げられます（自分の感情をうまく伝えられない人や、反対に積極的すぎて相手の気持ちを考えない人も当てはまります）。ファン同士の会話が、お互《たが》いの視野を広げることにつながり、アイドルへの恋心《こいごころ》で盲目《もうもく》になってしまう人が発生するのを自然と沈静化《ちんせいか》させているのです。

しかし、同時にそれは話の通じないファンが危険だということでもあります。アイドルとファンとのトラブルというと、アイドル側がファンを勘違《かんちが》いさせたと思われがちですが、普通《ふつう》

姫乃たまのコラム

に接していても勝手に妄想《もうそう》してこじれてしまう人はこじれてしまうものです。その際は警察や弁護士など、しかるべき機関に事前に相談して対策しておきましょう。

そこまで深刻な場合じゃなくても、ヤジや暴言《ぼうげん》などは、愛情を持っている人に対する行動ではありません。お金を払《はら》ってくれているから、応援《おうえん》してくれているからといって我慢《がまん》する必要はないのです。飲み屋だってマスターが気にくわない人がいたらまだ本格的なトラブルに発展していなくても出禁《できん》にすることができます。アイドルをやるということはファンも含《ふく》めた自分のコミュニティを築《きず》き上げることでもあるのです。自分の城は自分で守りましょう。好きな仕事をして、それを楽しんで応援《おうえん》してくれる人たちと一緒《いっしょ》にいられるのはとても心安らぐことです。

最終章
わあー久しぶり
元気だった？
うん！みんなは？
まあ、それなりに…
本当にキツかったよね
地下アイドルって…
つらくて怖かったよぉ〜
グスッ
うんわかる…
でも…？

の法律相談

地下アイドル

◀次のページからはふろくだよ！　最後のページから読んでね！

つづく？

ふろく①　実際の契約書《けいやくしょ》の条項《じょうこう》を見てみよう！

甲＝アイドル　　乙＝事務所

アイドルは、契約した事務所以外の事務所の仕事はしてはいけないし、個人で仕事を受けることもできません。

アイドルは、基本的に、事務所の指示した仕事に従わなければなりません。

第○条（専属性）

1　甲の芸能活動に関するマネジメント業務は、乙が独占的に行うものとし、甲は、乙の事前承諾なく次の各号のいずれかに該当する行為をしてはならないものとする。

①　マネジメント業務及びこれに類似する業務を一部でも自ら行い、又は第三者に行わせること。

②　第三者との間で、甲の芸能活動に関する契約、約束、合意等を締結すること。

2　甲は、正当な理由なく芸能活動に関する乙の依頼を拒否することができないものとする。

3　甲は、乙以外の第三者から甲に対して芸能活動の依頼があった時は、その旨を直ちに乙に伝えるものとしこれに付随する全ての業務を専ら乙に委任するものとする。

4　乙は、甲の事前承諾なしに、マネジメント業務の一部、又は全部を第三者に委託し、またマネジメント業務の履行に関して第三者の協力を得ることができるものとする。

著作権やその他の知的財産権は、事務所が有するものとされています。

第○条（著作権の帰属）

1　本契約有効期間中の甲の芸能活動により発生する著作権法上の全ての権利（著作権法第27条及び同28条所定の各権利を含み、これに限らない）及びその他の知的財産権、所有権その他一切の権利は、全て乙に独占的に帰属するものとする。

2　乙は、前項に定める権利を、第三者に許諾、貸与または譲渡することができるものとする。

事務所は肖像を管理運営する権限があるとされています。

第○条（肖像）

1　乙は、甲の肖像、氏名、芸名、筆名、音声、経歴、筆跡、手形等（以下総称して「肖像等」という）を、全世界において、無償であらゆる方法によって財産的に利用し、又は第三者に対しその利用許諾等を行うことができ

るものとする。

2 前項に基づき本契約有効期間中に甲の肖像等を財産的に利用することによって発生する全ての権利は、全て乙に独占的に帰属するものとする。また、乙は当該権利を自由に利用できるとともに利用許諾等を第三者に対し行うことができるものとする。

3 甲は、本契約有効期間中、乙の事前承諾なく肖像等を自ら財産的に利用し、あるいは第三者に利用させてはならないものとする。

分配率については、明らかになっていないこともあるので、書面で求めるようにしましょう。

第〇条（報酬）

1 甲の芸能活動により発生した報酬等は、報酬等が乙に対し入金された日の翌々月末日までに、乙の定める分配率等に基づき、乙への経費（マネジメント料）を差し引いた上で乙から甲に対し支払うこととする。

2 甲は、本契約に基づく乙の甲への支払いが、前項に定める報酬以外は発生しないことを確認し、了承する。

衣装代、交通費、レッスン代は、事務所負担とされていることが多いです。

第〇条（費用負担）

甲が芸能活動を遂行する上で必要な衣装代、交通費、レッスン代等の各種実費については乙がこれを負担するものとする。

このように、禁止行為が定められていることが多いです。

第〇条（禁止行為）

甲は、以下に定める行為をしてはならない。

① 乙の名誉または信用を害するような行為
② 刑法その他の法令に違反する行為
③ 喫煙および飲酒（甲の年齢を問わない）
④ 深夜外出、専ら酒類を提供する飲食店及び対価を受領して性的サービスを提供する風俗店ならびにそれらに類似する店舗への立ち入り
⑤ 芸能活動の関係者との間で乙を介することなく連絡を取り、交渉し、又は契約を締結すること
⑥ 外見に著しい変化を与える行為

恋愛を明確に禁止する条項が入っていることがあります。

⑦　マルチ・マルチまがい商法、ネットワークビジネス、その他消費者契約法に抵触する取引行為の勧誘
⑧　宗教的活動及びその勧誘
⑨　異性交遊
⑩　その他乙の指示に反する行為

契約の自動更新については、このように定められています。

第○条（契約期間）
1　本契約の有効期間は契約締結日から２年間とする。
2　前項の期間満了３ヶ月前までに甲及び乙のいずれからも書面による契約終了の意思表示がないときは、さらに１年間同一条件で自動的に延長されるものとし、以後も同様とする。

解除をする権限が、事務所にしか認められていないこともあります。

アイドルの方から解除をするには、事務所の承諾を得なくてはならないとされています。

第○条（契約解除）
1　甲が第○条各号に定める事項に違反した場合には、乙は、直ちに本契約を解除することが出来る。
2　乙は、甲が本契約に違反した場合、14日以上の期間を定めてその是正を甲に催告し、当該催告の期間以内に違反事項が是正されないときは、直ちに本契約を解除することが出来る。
3　甲が契約の期間途中に契約を解除する場合には、契約解除日の３ヶ月前までに乙に書面で通知し、乙の承諾を得る必要があるものとする。

アイドルが期間途中で契約を解除した場合や、事務所側が解除した場合は、損害賠償を請求できるとされています。

第○条（損害賠償）
1　甲、又は乙は、相手方が本契約に違反したことにより損害を被った場合、契約解除権の行使の有無に関らず、現実に発生した損害の賠償を相手方に対し請求することができる。
2　甲が本契約期間中に本契約を解除した場合、または乙から本契約を解除された場合には、甲は、その解除事由にかかわらず、以下の費用を違約金として乙に支払わなければならない。
①　甲の契約解除により出演先等から乙が請求するされることとなった違約金の全額

②　乙が甲のマネジメントを行うに当たり負担してきた衣装代、交通費、レッスン費用の全額
③　契約の期限までに、甲の活動によって乙が得ることができたであろう利益全額
④　破棄することになった商品の費用全額

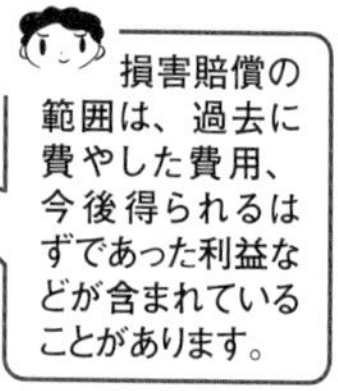
損害賠償の範囲は、過去に費やした費用、今後得られるはずであった利益などが含まれていることがあります。

第○条（本契約終了後の措置）

理由の如何を問わず、本契約が終了した場合、甲及び乙は、別途甲乙間で異なる定めがない限り、次の各号の定めに従うものとする。

①　甲は、本契約終了後、乙に所属する芸能家である旨の表示及び乙に所属する芸能家であると誤認させる表示を行ってはならない。
②　甲は、本契約終了後、本契約有効期間中に使用した芸名及びTwitter、Instagram等のSNSアカウントを乙の承諾なく使用してはならない。
③　甲は、本契約終了後　2年間、乙以外の芸能事務所及びプロダクションに移籍してはならず、また、芸能家としての活動を行ってはならない。
④　甲が前号の定めに違反した場合、乙は甲に対し、本契約終了後　2年間に甲が芸能活動を行ったことにより甲が得た金銭を損害とみなし、損害賠償請求をすることができるものとする。

事務所退所後は、芸名やSNS等を使用してはならないという定めがある場合もあります。

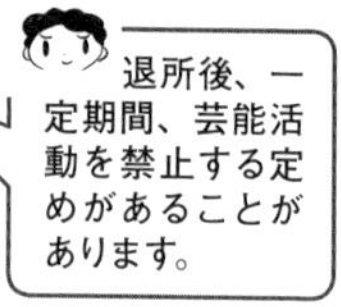
退所後、一定期間、芸能活動を禁止する定めがあることがあります。

ふろく②　困ったときの相談先

①弁護士会　法律相談センター
https://www.nichibenren.or.jp/legal_advice/search/center.html

弁護士会は、各都道府県に１つずつ置かれている弁護士の団体で、すべての弁護士はどこかの弁護士会に加入しています。その弁護士会が設置しているのが、法律相談センターです。各弁護士会に加入している弁護士が、当番制で、法律相談を担当しています。

法律相談センターは、各都道府県庁所在地だけに置かれているのではなく、各都道府県の主要な都市に複数置かれています。自宅の近くの法律相談センターに電話をかけるかネットで申し込みをして予約をすれば、希望日に法律相談をすることができます。

ただし、相談する相手の弁護士を指名することはできません。また、法律相談料が30分につき5000円（＋消費税）がかかります。

弁護士会の法律相談センターを利用する場合は、上記のサイトにアクセスして、自分の住所に近い法律相談センターを探し、予約を入れるようにしましょう。

②日本司法支援センター（法テラス）
https://www.houterasu.or.jp/madoguchi_info/index.html

日本司法支援センター（法テラス）は、弁護士のサービスをより身近に受けられるようにするための支援をしてくれる団体です。経済的に苦しい立場にある人が弁護士を利用しやすいように、弁護士への法律相談費用や依頼料を立替払いしてくれます。

法テラスでは、弁護士会と同じように法律相談のサービスを行っています。法テラスに登録している弁護士が当番制で、法律相談の担当をしています。弁護士会と異なるのは、相談者の収入の額が一定以下の場合は、３回まで無料で法律相談を受けることが出来るというとこ

ろです。

法テラスも、各都道府県の主要な都市にありますので、上記のサイトにアクセスし、近くの法テラスを探し、法律相談の予約をするようにしましょう。

③消費生活センター

http://www.kokusen.go.jp/map/

消費生活センターは、市民の消費生活に関する相談や苦情への対応を行っています。購入した商品が不良品だった場合の苦情や、マルチ商法やネズミ講などの消費者被害に遭った場合の法的対応方法などについてアドバイスをしてくれます。

アイドルの契約においては、歌唱・ダンスのレッスンなどを他の業者と結ぶ場合があります。その時、きちんと内容や金額についての説明を受けることなく、高額のレッスンの契約を結ばされてしまうこともあります。そこで活用できるのが、「クーリング・オフ」の制度です。「クーリング・オフ」とは、強引に迫られて不本意な契約をした場合、一定の条件を満たせば消費者が一方的に契約を解除することができるという制度です。これを使えば、不本意で結んでしまったレッスンの契約を解除することもできます。

消費者生活センターに相談すれば、この「クーリング・オフ」を行うことが出来るかどうか、行う場合のやり方などについて、アドバイスをしてくれます。

もし、アイドル活動中に、高額な支払いをしなければならない契約をしてしまった場合には、近くの市町村の消費生活センターに相談するようにしましょう。

直接私に相談してもらっても大丈夫ですよ!
ツイッターID:**@TSUYOSHIFUKAI**
(DM OKです!)

ふろく③　過去の実際の裁判例紹介（ちょっと難しいかも！）

①東京地判平25．３．８労判1075号77頁

【事案の概要】

アイドルAは、X社との間で、専属芸術家契約を締結していた。

契約書には、「業務への出演についての報酬を別紙報酬費用約定記載のとおり支払う」、「X社が１年経過するごとに報酬変更を行うことができる」、「金額は業績・知名度・稼働年数などでX社が定める」との旨の規定があったが、A・X社間で具体的な報酬金額を定めたことも、報酬費用約定を作成し交付されたことも、報酬の見直しをしたこともなかった。

契約により、AはX社の提供するレッスンを受けることやX社又は第三者が企画した業務や芸能活動に従事すること、業務に関連してされた物に対する著作権や芸名の権利はX社に帰属し、AはX社を介することなく芸能活動をすることを制限されている。

Aは、X社に対して、賃金の支払いを求めて提訴。

【結　論】

Aに諾否の自由がないこと、報酬の決定権限がX側にあること、著作物の権利が事務所に属すること、兼業が禁止されていること、などといった事情から、A・X社間の契約は労働契約であり、X社には最低賃金法に従った賃金の支払い義務があるとされた。

【関連Q＆A】

Q12、Q13

②東京地判平27．９．９賃金と社会保障1649・1650号39頁

【事案の概要】

芸能プロダクションの運営であるX社は、Aにアダルトビデオに出演させ、ヌードにさせることを主たる目的として、当時未成年であったAとの間で、親権者の同意を得ることなく、業務内容に「アダルトビデオ」を明示しない契約を締結した（契約１）。成年になった後は、さらに業務内容に「アダルトビデオ」を明示し、出演しなかった場合には損害賠償金を支払う義務があるとする規定がある契約を締結している（契約２）。

Ａは、第１契約に基づき、グラビア撮影の内容及びアダルトビデオへの出演をしたが、それらは、契約の当初よりＡの意に反する業務であった。Ａがどのようなグラビア撮影やアダルトビデオ撮影に従事するかについては、Ａの意思にかかわらず、Ｘ社が決定していた。そして、Ｘ社は、さらに第２契約に基づき、違約金1000万円がかかることを告げて、Ａにアダルトビデオへの出演を強要しようとした。

Ａは、グラビア撮影及び後日のアダルトビデオ撮影の直前に、支援者を通じて、Ｘ社に対し、第１次契約及び第２次契約を解除する旨の意思表示をした。

Ｘ社が、出演予定であったアダルトビデオの撮影などをＡがキャンセルしたことにより、アダルトビデオ制作会社から支払われる予定であった出演料が損害に当たるとして、Ａに対して、損害賠償を求めて提訴した。

【結　論】

契約１は親権者の同意を得ていないため、取り消しが可能とされた。

契約１及び契約２はいずれも、ＡがＸ社に対してマネジメントを依頼するというようなＡ中心の契約ではなく、Ｘ社が所属タレントないし所属AV女優としてＡを抱え、Ｘ社の指示の下にＸ社が決めたアダルトビデオ等に出演させることを内容とする雇用類似の契約であったと評価することができる。そうすると、Ａの解除は、２年間という期間の定め（３条）のある雇用類似の契約の解除とみることができるから、契約上の規定にかかわらず、「やむを得ない事由」があるときは、直ちに契約の解除をすることができる。

アダルトビデオへの出演は、Ｘ社が指定する男性と性行為等をすることを内容とするものであるから、出演者であるＡの意に反してこれに従事させることが許されない性質のものであるため、Ｘ社との間の契約２を解除する「やむを得ない事由」があったといえる。

したがって、解除によって、Ａのアダルトビデオ出演義務は消滅しており、撮影のキャンセルによって損害賠償責任は発生しない。

【関連Ｑ＆Ａ】

Ｑ16、Ｑ17

③東京高判平29. 1.25判時2355号13頁

【事案の概要】

Ａは、Ｘ社と専属契約を結んでおり、Ｙ社は、Ｘ社から専属契約上の地位を譲渡された芸能プロダクションである。

Ａは、Ａの芸名をそのまま焼肉屋チェーン店の店名に使用され、後から知らされたＡは不満に思ったが、やむなく写真の撮影に応じるなどして、Ａの芸名使用に協力したことに加え、

・Ａの水着の上にエプロンを着て撮影した写真を、Ａの承諾なく、水着が消されて裸にエプロンを着たような写真として加工され、写真集が出版されたこと
・Ａは商品のプロデュースを行っていないにもかかわらず、Ａプロデュースと銘打った商品が販売されたこと
・Ａは、交際相手と結婚したい旨伝えたが、クライアントの意向を理由に許可されなかったこと
・Ｘ社代表取締役が法人税法違反容疑で逮捕され、その後起訴されて有罪判決を受けるに至っており、その脱税の内容も、所属タレントの移籍を装うなどして約11億円もの所得隠しを行い、約３億4500万円を脱税したという極めて悪質なものであったのに加え、脱税の報道記事には看板タレントであるＡの名が必ずといってよいほど登場していたこと
・Ｘ社とY社とでは実態に変わりはなく、そのことはＡも認識していたこと

などから、信頼関係が破壊されたとして、Ａは、Ｙ社に対して契約解除する旨通告した。それに対して、Ｙ社は、出演業務などを拒絶されたりするなどしたのは契約違反であるとして、Ａに対して、損害賠償金１億円等を求めた。

【結　論】

Ａは、当時24歳のタレントでありイメージを大切にするタレントであったのであるから、自らの本名と同一の芸名を焼肉屋チェーン店の名称にされたことについては大きな心理的抵抗を感じたことは想像に難くなく、事後的に同焼肉屋に使用する写真撮影に応じているが、それは、契約内容から、Ａが事務所の方針に異議を述べるこ

とが出来なかったものであり、Aが精神的苦痛を感じていたことを妨げるものではない。

また、その他の事情も、総合的に考慮すると、Y社の行為によって、AとY社の間の信頼関係が破壊されたと認めるのが相当である、として、AとY社との間の契約は、終了し、損害賠償請求は認められないと判示した。

【関連Q＆A】

Q19

④東京地決平８．３．14判時1566号73頁

【事案の概要】

A社と専属出演契約をしている女優Bは、ヌード写真ではなくコスチュームと表情でBの新たなイメージを出す作品をつくることを検討しており、出版社であるX社と写真集出版にかかる契約を締結した。

A社とBとX社との契約の際には、「Bのヌードは出さないこと」、「表情とコスチュームでBの大人の女優としての面をアピールすること」、「A社とBが事前に写真ネガをチェックし了解しない写真は使用しないこと」等が合意されていた。

撮影日には、Bの裸体も撮影されてしまった。もっとも、Bは、ヌード写真は写真集に使用せず、顔等のみを使用すること、使用する写真は事前にA社及びBに対して確認したものしか使用しないと撮影者側から言われた。

しかし、撮影終了後も、Bが写真の事前チェックを行う機会すらないまま、Bのヌード写真が使用された写真集が製作され、それらの写真が週刊誌などに掲載された。

Bは自己の人格権、肖像権に基づき、A社は、Bとの専属出演契約に基づくBの肖像の独占的管理権限に基づき、出版社であるX社等に対して、ヘアヌード写真集出版等の差止を求めた。

【結　論】

裁判所は、ヘアヌード写真集の出版がなされることで、Bの人格権、肖像権を侵害することは明らかであるし、写真集の出版及び写真の使用を継続することは、A社の専属出演契約に基づく独占的管理権限を侵害することは明らかであるとして、X社等にヘアヌード

写真集等の出版等の差止を命じた。

【関連Q＆A】

Q18

⑤東京地判平13．9．5判時1773号104頁

【事案の概要】

テレビ局勤務の女子アナウンサーAが、水着姿の写真を週刊誌に掲載された。週刊誌に掲載された写真は、別の雑誌に掲載する予定でAの同意のもと撮影された写真を、Aの承諾なく無断で使われたものであった。

Aは、肖像権の侵害を理由として、週刊誌の出版社X社に対し、損害賠償を請求した。

【結　論】

写真を当初のものと異なる目的、態様のもとに公表することは、当初約束されていた公表の範囲を超えているものであるから、再掲載をするについては、改めて肖像権を有する者の承諾が必要である。そのよう再承諾がない以上、写真の掲載はAの肖像権を違法に侵害するものであるとして、損害賠償を認めた。

【関連Q＆A】

Q18

⑥最判平成24．2．2民集66巻2号89頁

【事案の概要】

「ピンク・レディーdeダイエット」と題する雑誌記事において、ピンク・レディーを被写体とする14枚の写真が無断で掲載されたことが、パブリシティ権を侵害する不法行為になるとして、ピンク・レディーのメンバー2人が掲載雑誌を発行した出版社X社に対して、損害賠償を求めた。

【結　論】

肖像等は、商品の販売等を促進する顧客吸引力を有する場合があり、このような顧客吸引力を排他的に利用する権利（パブリシティ権）は、肖像等それ自体の商業的価値に基づくものであるから、上記の人格権に由来する権利の一内容を構成するものである。他方、

肖像等に顧客吸引力を有する者は、社会の耳目を集めるなどして、その肖像等を時事報道、論説、創作物等に使用されることもあるのであって、その使用を正当な表現行為等として受忍すべき場合もある。そうすると、肖像等を無断で使用する行為は、〔1〕肖像等それ自体を独立して鑑賞の対象となる商品等として使用し、〔2〕商品等の差別化を図る目的で肖像等を商品等に付し、〔3〕肖像等を商品等の広告として使用するなど、専ら肖像等の有する顧客吸引力の利用を目的とするといえる場合に、パブリシティ権を侵害するものとして、不法行為法上違法となると解するのが相当である。

本件の写真は、約200頁の本件雑誌全体の３頁の中で使用されたにすぎないこと、いずれも白黒写真であること、その大きさも小さいことから、本件記事の内容を補足する目的で使用されたものに過ぎないとして、請求は棄却された。

【関連Ｑ＆Ａ】

Q20

⑦東京地判平28．１．18判タ1438号231頁

【事案の概要】

Ａは、Ｘ社との間で専属マネージメント契約を締結し、アイドル活動を行っていた。契約書に記載されている出演業務（一切のアーティスト活動のこと）の遂行義務には、本件ライブに出演し、その後の活動に従事する義務が含まれていた。

契約書には、いかなる理由があろうと仕事や打ち合わせに遅刻、欠席、キャンセルし、原告に損害が出た場合、電話もしくはメールで連絡が付かず損害が出た場合、ファンと性的な関係をもった場合またそれにより原告が損害を受けた場合、あらゆる状況下においても原告の指示に従わず進行上影響を出した場合、その他、Ｘ社がふさわしくないと判断した場合には、直ちにＡに対し損害賠償を請求できると記載されていた。

一方、契約書には、Ａの得られる報酬の額について具体的な基準は定められておらず、Ｘ社が報酬算定の根拠を示さないことからすれば、Ｘ社がＡに支払った報酬はＸ社がその都度自由に決めたものにすぎず、Ａに対し、報酬としていついくら支払われるかの保証もなかった。

Ａは、ファンであるＢと交際を開始し、男女関係を持つに至った。
Ｘ社は、ＡがファンＢとの交際をきっかけにイベント等に出演する業務を一方的に放棄するなどしたためにＸ社に損害を生じさせたとして、Ａ、Ｂ、Ａの父母に、損害賠償を求めた。

【結　論】

本件契約は、Ａに一方的に不利なものであり、Ａは、生活するのに十分な報酬も得られないまま、Ｘ社の指示に従ってアイドル（芸能タレント）活動を続けることを強いられ、従わなければ損害賠償の制裁を受けるものとなっているといえる。本件契約の性質を考慮すれば、Ａには、本件契約を直ちに解除すべき「やむを得ない事由」があったと評価することができる。したがって、Ａからの解除によって契約は終了しており、解除後のＡに出演義務はないのであるから、ライブ等に出演しなかったことをもって、損害が発生したとはいえない。

アイドルと呼ばれるタレントにおいては、それを支えるファンの側に当該アイドルに対する清廉さを求める傾向が強く、アイドルが異性と性的な関係を持ったことが発覚した場合に、ファンが離れ得ることは、知られていることである。そのため、マネージメント契約等において異性との性的な関係を持つことを制限する規定を設けることも、一定の合理性があるものと理解できないわけではない。しかし、他人に対する感情は人としての本質の一つであり、恋愛感情もその重要な一つである。異性との交際、さらには当該異性と性的な関係を持つことは、自分の人生を自分らしくより豊かに生きるために大切な自己決定権そのものであるといえ、異性との合意に基づく交際（性的な関係を持つことも含む。）を妨げられることのない自由は、幸福を追求する自由の一内容をなすものと解される。とすると、少なくとも、損害賠償という制裁をもってこれを禁ずるというのは、いかにアイドルという職業上の特性を考慮したとしても、行き過ぎである。

そのため、Ｘ社が、Ａに対し、Ａが異性と性的な関係を持ったことを理由に損害賠償を請求できるのは、ＡがＸ社に積極的に損害を生じさせようとの意図を持ってことさらこれを公にしたなど、害意が認められる場合等に限定して解釈すべきものと考える。本件ではそのような事情がないため損害賠償請求は認められない。

【関連Q＆A】

Q22、Q28

⑧東京地裁平18. 12. 25

【事案の概要】

Aは、X社との間で、歌手としての２年間の専属契約を締結して、本件契約には、「Aは、本契約が終了した後も、X社がAの宣伝プロモートのために費やした費用を補償しない限り、２年間内に他の事務所に所属することや個人で芸能活動を行うことはできない」（本件条項）と記載されていた。

X社は、契約後、Aの芸能活動の拡大、発展のため、テレビ、ラジオ等への売り込み活動を行うとともに、Aに個性、特色を与えるべく、Aに浪曲を習わせるなどした。

Aは、X社との契約を解消したことにより、２年間の本件条項を守る必要が存在しないことの確認を求め、それに対して、X社は、Aに対して、本件条項に基づきAを養成するために要した費用の補償を求めた。


【結　論】

芸能人の芸能活動について当該契約解消後２年間もの長期にわたって禁止することは、実質的に芸能活動の途を閉ざすに等しく、憲法22条の趣旨に照らし、契約としての拘束力を有しないというべきである。

しかし、本件専属契約を締結した背景には、X社がAの養成、宣伝プロモートのために時間、労力、努力、資金を費やすことに鑑み、Aの芸能活動が上記資金を上回る利益をX社にもたらさないうちに本件専属契約が終了した場合には、AがX社に対して、X社がAのために支出した金額を補填することを約す趣旨を包含している。そして、芸能人の売出しには、金額がかかることが必須であることは公知の事実というべく、これを専らX社の負担とすることは、現在の社会情勢、公序との関係で相当とはいいがたいため、X社からAに対する養成費用の補償請求は認められた。


【関連Q＆A】

Q31、Q36

おまけ
～コロナは地下アイドル業界に影響するのか～

地下アイドルの活動は、ライブや、ライブの前後に実施されるグッズ販売や握手会、写真の撮影会など、ファンと直接接するイベントが主なものです。

しかし、新型コロナウイルスの感染拡大により、ライブや握手会、イベントは次々と中止となり、2020年５月現在、アイドルがファンと直接会って交流できる機会はほぼゼロになっています。そんな中、アイドルの多くは、ネットを利用して、直接接触しないイベントを企画して活動しています。例えば、無観客ライブをネットで生配信したり、オンライン握手会やサイン会を開催したり、ウェブ会議サービスを利用してファンミーティングを開いたりという活動です。

このように、アイドルの活動のあり方が変わったことにより、どのような問題が生じるでしょうか。

アイドルの多くは、配信を自宅から行っていることが多いようです。その時に使用する撮影の機器、照明器具、音響システムなどについて、アイドルの負担とされていることがあり、新たにそうした機材を購入しなければならなくなったという声があります。しかし、それらの機材の費用は、もしコロナ問題がなく事務所の管理の下、スタジオなどで配信していた場合には、契約では本来事務所が負担することとなっています。しかし、自宅からの配信が余儀なくされたため、アイドルの中には、それらの費用の負担を強いられている方がいるようです。事務所が配信用の機材を送ってくれたという声もありますが、自己負担とされたアイドルには、相当の負担となってしまいます。

また、ネット中心の活動となることで心配されるのは、ネット上での誹謗中傷の声にさらされることが増えることです。もちろん、コロナ問題発生以前から、アイドルのほとんどがSNSを利用しており、誹謗中傷に困らせられるということはありました。しかし、活動のほとんどがネットになったことによって、そのような攻撃にさらされる機会が増えていないか、大変心配です。

そして、多くの事務所でそうなのですが、コロナ問題が生じる前は、こうした配信で得られた売り上げは、アイドルへの分配の対象になっていないようです。このコロナ問題によって元々行っていた、ライブや握手会等を、やむを得ずネットに移行させた分について、報酬の支払いがなされているかは不明ですが、もし、コロナ期のネット配信業務が無報酬であるとすると、やはりアイドルにかなりの負担をかけることになります。

今回のコロナ問題によって、アイドルのあり方も見直され、もしかしたら、業界全体が変貌を遂げる、などということもあり得るかもしれません。しかしながら、アイドルのあり方が変わろうと、変わらなくとも、このコロナ問題を通じて、アイドルが継続的に活動していくには、どのような仕組みが必要かということが、問題として大きく浮き彫りになったことは間違いないと思います。

震災や他の感染症の流行など、今後、いつまたこのような事態が生じるかはわかりません。その時のために、業界全体で、アイドルの活動が持続可能となる契約の締結や制度作りがなされていくことを期待します。

地下アイドルの法律相談

2020年7月20日　初版発行

著　者　深井剛志
　　　　姫乃たま
　　　　西島大介

発行者　和田　裕

発行所　日本加除出版株式会社
本　社　郵便番号 171-8516
東京都豊島区南長崎3丁目16番6号
TEL (03)3953-5757（代表）
(03)3952-5759（編集）
FAX (03)3953-5772
URL www.kajo.co.jp
営業部　郵便番号 171-8516
東京都豊島区南長崎3丁目16番6号
TEL (03)3953-5642
FAX (03)3953-2061

組版 ㈱郁文 ／ 印刷 ㈱精興社 ／ 製本 牧製本印刷㈱

落丁本・乱丁本は本社でお取替えいたします。
★定価はカバー等に表示してあります。

Printed in Japan
ISBN978-4-8178-4650-1